大展好書　好書大展
品嘗好書　冠群可期

大展好書　好書大展
品嘗好書　冠群可期

名人選輯

6

培　根

傅　陽／主編

品冠文化出版社

序言

本書所敘述的培根，是英國的哲學家培根，說到這裡最先令人想起的便是十七世紀法蘭西斯・培根。那是因為，英國早在三百八十年前還有另一位也叫做法蘭西斯・培根的哲學家。

在大學的「近代哲學史」上課時，教授告訴我們：「法蘭西斯・培根想成為人類福祉的發明家。」

大多數高中的「倫理與社會」教科書裡，都寫著法蘭西斯・培根是位哲學家、政治家，他提倡經驗論，強調歸納法。

培根雖是哲學家，但他著有《論說文集》，也可稱是小品文學作家。作為法律家，他曾經擔任法官，位至最高的大法官，也有法律論述方面的著作。作為政治家，他是國會議員、樞密顧問官。大法官為閣員，可說是國王最重要的輔佐角色。他沒有條理井然的政治理論，但關於具體上的政治問題，曾經著述過論文。不僅討論歷史，實際上也寫過歷史方面的著作。討論有關自然的研究，尤其是作為他的方法，培根主張歸納法——培根認為研究一切學問的正確方法，便是歸納法——對歸納法他有詳細的論述。

像這樣，培根的學問涉獵了人文科學、自然科學等廣泛的領域，但當時的哲學便是抱括如此廣泛的領域。

培根不僅是展開理論的學者，也是實踐的人。學問不能僅止於理論，必須適用於人生，這便是培根的主張。他是實踐將理論及實踐統一這項自我主張的人。

作為經驗式的方法，培根企圖作歸納法的改革，因為他認為歸納法適用於人生，是能增進人類福祉、達成學問的正當目標的正確方法。

他為了發明增進人類福祉的學問，試圖發明研究學問的正確方法。也可以說他想成為發明的發明家。

※　※

「讀書不可因反對或反駁而存在，也不能儘信書而照單全收。更不能依賴說話及談論的素材。它是為了思慮及考察而存在的東西。」——錄自《論說文集》

目錄

第三章　培根的著作及思想

第一章　革新的時代

英國的宗教改革

同時代的人們

法蘭西斯・培根（Francis Bacon）一五六一生於英國，一六二六年逝世。是十六世紀的後期至十七世紀前期的人物。此時期相當於歐洲文藝復興的後期。在宗教、文藝、學問、政治、經濟等各方面，可說是一大革新的時代，在世界歷史上更是顯著進步的時代。

培根的祖國英國自然也不例外，歷史上被稱為伊麗莎白女王統治的時代，以及在詹姆斯一世的統治之下，相當於英國的文藝復興時期。

此時，中國是明世宗嘉靖四十年（培根出生），經明穆宗隆慶元年～六年，明神宗萬曆元年～四十八年，明光宗泰昌元年，明熹宗元啟元年～六年（培根逝世）。

和培根同時代的人，歐洲大陸方面，義大利有布爾諾、卡巴奈拉，比培根小三歲的伽利略。法國有比培根大二十八歲的孟德尼，小三十五歲的笛卡兒。西班牙的塞萬提斯，比培根大十四歲。德國則有年輕十歲的喀布雷，年輕十四歲的貝麥。荷蘭的克洛蒂斯比他年輕十四歲。

在其祖國英國，更有伊麗莎白王朝著名的政治家塞西爾，這位博萊伯爵相當於培根的姨父。劇作家莎士比亞、詩人史賓塞，以及法律家培根的敵對者寇克、軍人兼探險家羅利伊、發明對數的數學家納畢亞、磁氣研究家吉伯特，倡導血液循環說的生理學家哈維，比培根年輕二十七歲的哲學家霍布斯。培根所處的時代是各方面傑出人物正活躍的時代。

培根本身，以法律家、政治家、散文家而聞名，培根同時也是哲學思想家、科學的鼓吹者，留下了顯著的業績。他顯然是多才多藝、生活多采多姿的活躍人物，可以說是文藝復興時期多才多藝型人物的一個典型。

伊麗莎白的即位及宗教政策

宗教改革是十六世紀西歐最重要的事件，但在英國也是一樣，英國的宗教改革從都鐸王朝第二代的亨利八世開始，他為了將羅馬法王所不允許的和王妃凱撒琳離婚正當化，從羅馬法王獨立出來，成為宗教改革的起源。亨利八世宣言說：「國王是世界上英國教會唯一最崇高的首長。」教會變成服從國王的最高權威的國教會，主張非羅馬主義及反異端主義。但他所堅信仰的基準是天主教。一五三一年至一五三四年間，有九人至十人因被視為異端而受到燒殺，一五三五年，二十五名的再洗禮派教徒在一天之中被燒死。接著，他解散了所有的修道院，將所有的土地及財產歸為國王所有。

繼承亨利八世的愛德華六世，因為年幼的緣故，由沙曼席德公爵攝政。到了這時期，目標向著教義及禮拜的宗教改革，重從訂定信仰的基準，英國的國教會變成新教化。

同時，也破壞了教會所附屬的禮拜堂，將其土地歸為國王所有。對這些急速激烈的變革，要求恢復亨利八世時代信仰基準的叛亂，在西部、西南部等地方發生。而這些叛亂，在宗教性的性格中，隱藏著階級性的對立。

繼承愛德華六世之後的是其姊瑪麗，她信仰天主教，因此，在一五五三年命令國會，將和愛德華時代宗教改革有關的一切法規歸於無效，恢復天主教。一五五四年，和後來的西班牙王夫利貝二世結婚，進行天主教的反動。也就是同年規定了「異端焚刑法」，迫害新教徒，據說有三百名以上的新教徒被燒殺，因此，社會一般人給她一個綽號「血腥瑪麗」（Bloody Mary）。新教徒較多的東南部因而引起叛亂，另外，逃亡到美洲新大陸的人也不少。

一五五八年瑪麗逝世後，其妹伊麗莎白一世即位。因為國內新教徒及天主教的對立非常嚴重，因此，伊麗莎白女王採取中立的立場，以大多數國民的信仰作為著眼點。一五六三年，又重新訂定了信仰基準，混合了新舊諸派，這事實上是一項明智之舉。

她對異端相當寬容，只要是限於個人的信仰，便被允許。因此，為了想要純粹地引起新、舊兩派的反對運動，尤其是天主教的反對以海外的勢力作為背景。

一五八三年，和蘇格蘭的廢女王瑪麗相通的天主教徒，想要讓天主教國的法軍登陸英國。一五八七年，瑪麗被逮捕並被處刑。翌年，天主教的世界統一政策之下，西班牙王菲利浦二世企圖想以一百三十艘的無敵艦隊遠征至英國。但他被英國海軍打敗，蒙受極大的打擊。以後，英國取代了西班牙，稱霸海上。伊麗莎白時代，以新教為基本，英國國教會的基礎確立起來。同時，使英國成為世界的貿易國，踏出殖民帝國的第一步。

伊麗莎白女王之後，史都華家族的詹姆斯一世繼承了王位，教會對於國王的地位更加強化。

培根及宗教

英國的宗教改革，並不僅限於宗教問題，同時也是政治、經濟、社會問題，並且伴隨了迫害異端等流血的慘事。

培根在一五八四年他二十三歲時，寫信給伊麗莎白女王，勸告她有關宗教政策上的事情。其中，多半是描寫祖國因宗教紛爭所引起的悲慘事實。十五歲起，他先後二年滯留於法國，見聞了聖巴索洛繆大虐殺的宗教紛爭，以及法國社會的混亂，深深被感動。那封信，建議藉著讓天主教徒恐懼的強硬政策，勸說女王不要逼使他們採取絕望性的行動。

培根成長於卡爾文信徒的家庭氣氛中，他是真正的英國國教徒。父親尼古拉斯・培根雖是虔誠的教徒，母親安妮・寇克卻是熱忱的卡爾文教徒，屢次向孩子們忠告信仰上的事情。培根的外祖父安東尼・寇克，曾是英王愛德華六世有力的輔佐，他是位嚴謹的清教徒（**Puritan**）。

在這樣的宗教氣氛之下，培根的內心培養了認真的信仰之心，信仰成為他活動及著作有力的動機。他的主要著作《大革新》中「著作的區分」一章的結論如下：「為父的神，眼睛能看見的光，給予創造最初的成果，智慧的光芒對你身邊的極致，認為完成品映到人們的臉，從你的仁慈出發，歸於你的榮耀，遵守此工作，請引導吧！」

培根也許是受到母親及寇克家族的影響，對清教徒富於同情心。後來，他反抗羅馬教會的思考形式，反對研究從靈感世界獲得的啟示及世俗性的知識，將兩者加以思考、融合，這也是受到寇克家族清教徒式的宗教生活的影響。但是，正如給伊麗莎白女王的信中所看見的，他並不寬容。

一五九七年初版的《論說文集》的第十五章中，將宗教視為政府四大支柱的第一支柱，非常重視。而在第三章「關於宗教上的一致」的論述中，討論了統一教會的效果及手段及界限。

培根認為，異端及分裂是一切禍害中最嚴重的，沒有比這會更讓人難以接近教會，也沒有比這更具有將人趕出教會的力量。反過來說，他說宗教上的一致，會帶來含有無限祝福的和平。

根據培根所說，妨礙教會一致的因素有兩種，即狂信及折中式的方法。在狂信者中的眼中，並沒有和平，只有宗派及徒黨而已。折中式的方法，是從兩方面各採用一部份，巧妙地調停宗教上的諸問題而獲得妥協的想法。但如此一來，會使宗教的本質變得不純粹，對和平沒有永續性。真正的一致是，「在宗教中，根本上、本質上的問題並非純粹的信仰問題，而是關於意見、命令及善意等問題，從這些問題能真正辨別、分離時，便能實現。」

培根主張，要實現宗教一致的手段，不能使用武力及刑罰。他說：「要讓宗教的一致實現且使它強化時，必須注意的是，不要破壞了博愛的法則及人類世界的法則。」「用戰爭來推廣宗教，或用血腥的迫害來強制人們的良心，都是行不通的。」對於暴動的助成，陰謀、叛亂的正當化，以及將劍交到民眾的手裡，也是不被允許的。他認為這樣的事無疑是，「讓人自認為是基督教徒，卻忘了自己是人。」培根敘述宗教上的寬容，對於異宗派、異教徒及無神論者，否定依藉武力的迫害。因為後者違反了博愛及人類良心的自由。而且禁止宗教上的紛爭行使武力來解決，取走民眾一切的武器，不僅是宗教，還要抑制政治上的武力反叛，考慮到確保國家主權。

絕對王政及第一次產業革命

封建貴族的沒落及中產階級的出現

歐洲中世紀的特色，是封建制度及羅馬教會的支配，其代表者便是貴族、僧侶及騎士階級。英國從一三三七年至一四五四年和法國的百年戰爭，之後的一四五四年大約三十年間歷經了英格蘭的內亂、玫瑰戰爭，封建貴族受到重大打擊。

都鐸王朝的亨利七世以國王身份承認的第一國會，出席的世俗貴族只有二十九名。亨利七世向貴族的勢力挑戰，採取提高王室地位的政策。另一方面，他調整了官僚性的政治機構，比以往的貴族，更任用較多有能力的中產階段出身者。到史都華時代，任命多數的新貴族，但這些並不是封建貴族的榮耀，而是一開始就對國王服從的人。

聖職貴族由於亨利八世的宗教改革，司教都服從於國王，修道院被解散，財務上受到重大打擊。騎士階級則脫離軍務，作為地方的地主定居下來。隨著宗教改革，許多的內亂使民眾反對都鐸王朝的中央集權主義，但這些都被鎮壓住了，伊麗莎白時代以後，王權成為不可動搖的一種地位。

中世紀的代表，貴族、僧侶及騎士沒落以後，代之而起的是新中產階級的出現。那些被稱為上等人士（gentyy）和紳士（gentleman）的地方小地主，與其被稱為自耕農，倒不如說是市民中的商人及富裕的工人。這些人的子女都上大學學習，擔任官吏，成為都鐸及史都華兩王朝的中產階級。

他們有的因功績而被任命為貴族，到史都華王朝更取代了出身官僚的封建貴族的地位，成為王室忠誠的藩屏。當中最激烈的便是紳士，擔任地方行政的治安推事，大都是由紳士中考選出來，當時正逐漸增加實力的下院，便由代表州、自治市出身紳士的議員所佔據。

都鐸王朝保護他們，採取重視他們能力背景的政策。由於宗教改革，被國王所沒收的修道院及禮拜堂所附屬的土地，大部份由紳士及商人收買，為他們帶來利益。宗教改革也帶來了個人主義、合理主義及自由的傾向，促進中產階級的活動，使產業經濟活動更加活潑。十六世紀末英國的國民發展，中產階級的活動居功厥偉。而他們與其說站在地方的立場，不如說站在國民的立場，成為地方、都市及國家的一大要素，再以中央集權形式，形成國民的統一。

在宮廷的陰影中

培根的祖父羅勃・培根是薩夫克出身的紳士，父親尼古拉斯在劍橋大學（Cambridge）就讀，也曾遊學於法國，擔任過法官、伊麗莎白女王的掌璽大臣。由於修道院的解散，獲得六處的土地，對於土地的改良、經營極為熱心。伊麗莎白時代最有力的政治家威廉・塞西爾，是培根的姨父。塞西爾曾任財務大臣、首席部長，被封為男爵，是都鐸王朝中出身於紳士的新官僚、貴族的典型。

培根從幼年時代，身邊便圍繞著名士，對宮中的生活實情十分熟稔。十二歲時，他謁見了伊麗莎白女王，被問到：「你幾歲？」他回答：「比女王陛下的幸福朝代還小兩歲。」女王內心大為喜悅，稱他為「我的小掌璽大臣」。培根可以說是生長於宮廷的陰影之中，他的生活理想，也在這裡成長。

他服侍於伊麗莎白女王及詹姆斯一世，經常站在熱烈擁護王朝的立場，為了得到國王的青睞而努力著，他的政策是以英國的利益及發展為第一要義，從他的出身及和宮廷的關係便可瞭解。

在《論說文集》中，曾討論了貴族，他說：「不要讓貴族過份偉大，主權及司法權感到困惑的情形，下層的人們的傲慢不會接近國王的威嚴，在此之前在貴族面前痛苦而粉碎，應該放在這地位才對。」意思是說，貴族必須成為國王的屏障。培根對政治上的見解，主張藉著學問的研究，比較保守，也重視維持現狀，大概是由以上的事情為原因。

第一次產業革命及海外進出

自十六世紀到十七世紀，英國發生了一次產業革命。其中心是農村的家庭工業，以毛織品為主。牧羊業同時隨之旺盛起來。因此，地主認為羊的牧場，本來是農民所共有的，應和放牧地及小作耕地合併，產生所謂的「莊園化土地」。這一直繼續到十九世紀。

莊園化的結果，將農民趕出去，產生了貧民化。許多學者、思想家都一致譴責莊園化，禁止數條人為制定的法律，但並沒有什麼效果。

另一方面，修道院的廢止及產業上的競爭，也引起失業者的增加，因此，救貧對策是十六世紀英國的一大政治、社會問題。

培根也是莊園化的反對者之一，一六〇一年在國會反對禁止耕地法的撤回。「王國的財富被少數的牧場主所佔有，和國家的政策並不一致。」這是他反對的主要理由。這種莊園化有許多弊害，但新土地的開墾及莊園化之外的土地利用及改良，全體來說能提高生產。而以往是自耕農的地方變為資本主義式的經營。

培根在《論說文集》中曾說到：「土地的改良，即是獲得財富最自然的做法……。這必須花時間。但是，擁有龐大財富的人插手於農業方面，財富的增加非常顯著。」

另外，毛織品工業也從家庭工業逐漸變為任用領取工資的勞動者的製造廠。其他方面，從煤、銅、鉛、錫等礦業，製鹽、製鐵、玻璃工業，到新的製紙、銅及黃銅的冶金、製陶工業也有新的發展。都鐸王朝採取重商主義政策，對商業、貿易、工業有許多保護獎勵的措施。但並不是由國家直接來經營，而是委託於個人企業，這是讓產業活動活潑的原因。

為了培養工業，給予煤礦、礦業、製鹽、製紙的獨占特許權，准許這些業界享有特別的專利權。這是由於為了保護後進產業及國防、國庫收入上的理由。培根想促進發明及發現，又為了報償其勞苦，贊成特許政策。但是，獨佔的特許和宮廷勾結，貴族、官僚、商人都給予極不好的評價，它成為批判王政的材料，也成為培根失勢的一大主因。

英國從農業國家逐漸轉變為工業國家，由工業製品的輸出國一躍而為海上貿易國。為了和外國貿易往來，有錢的商人便集合起來成立貿易公司，獲得各地區的貿易獨佔權。一五五三年的俄國公司，一五五五年的非洲公司，一五七七年的西班牙公司等，一六〇〇年的東印度公司，更有前所未有的冒險商人公會。

在貿易的同時，也進行了殖民事業。伊麗莎白女王時代的一五八三年，吉伯特抵達紐芬蘭探險，這便是殖民地開拓的開始。接著也嘗試移民到美國的維吉尼亞州，以及開拓新英格蘭。在殖民事業上，也給予殖民公司特許權。一六〇一年紐芬蘭的漁業殖民計劃，培根也曾參與策劃。這些最後都歸於失敗。

但十七世紀以後的殖民地開拓事業，是開始於伊麗莎白時代。培根在其《論說文集》中曾提及有關殖民事業的事情。

「財富為了使用而存在」

英國社會財富逐漸增加，到伊麗莎白時代，雖也有失業者、流浪漢的問題，但繼續維持著和平，上流、中流社會擁有寬闊壯麗的邸宅，衣服、裝飾品也變得華美，食物更加多樣化，並且比以往更精緻。十六世紀初期，英格蘭大多數的民眾都居住在農村的小屋裡，穿著皮衣，吃著放在木盤裡的黑麵包，據說並沒有使用叉子或餐巾。

之後的一世紀間，這些鄉紳及自耕農也新蓋了磚瓦或石材的房屋，農村重建房子時也都用玻璃做窗戶，上流階級穿著綢緞及天鵝絨，大多數的人們（下層的人，雖是舊衣）穿著毛織品的衣服。用松草做的棉被及木頭做的棉被，變成放有毛屑的床舖及枕頭，木製的盤子及調羹變成黃銅及錫的合金所製的餐具。

培根在《論說文集》中，也提及有關費用、財富、利息的論述，以及建築、庭園、生活、風俗等事情。培根曾說：「財富是為了使用而存在。」他由於有許多嗜好，出手相當闊綽，因而也常以借錢為苦，種下毀滅自己的遠因。他死後雖留有七千英磅的遺產，但據說也有二萬英磅的借款。

十五世紀時，卡克斯特輸入了印刷術及印刷機，一四七七年，西敏寺設立了印刷所。之後，進行知識的一般化，正如火藥在戰術上打倒了貴族一樣，打破了知識的封建制度。印刷、火藥及羅盤針等三種發明，是人類生活產生大變革的極佳例子，培根經常讚嘆這些發明。

聖經被翻譯成英語廣泛地流傳，個人得以研究聖經，新教徒也因而能在家庭中作禮拜。中流以上的人，可以獲得一些書籍，家庭不但成為家族團聚的地方，同時也成為文化及討論的中心。

對教育的要求隨之提高，除了歷史悠久的文契斯特（Winchester）、伊頓（Eton）學校之外，十六世紀也創設了 **Rugby Harrow** 學校。到此世紀，牛津及劍橋大學開始教授拉丁語及希臘語，而希臘、羅馬的古典式教養為英國的精神界吹進了新的風潮，出現了各種文字及各種領域的著作，許多方面傑出的人物正活躍著。這些人物，便是前面所列舉的名士。學術、文藝更旺盛時，雖導因於文藝復興的時代精神及中世紀的束縛獲得解放，但英國產業、貿易的發達，以及財富增加的社會背景，才使人們有充份的時間發揮才能。

培根在其時代所擔任的角色

英國的文藝復興，是十五世紀留學於義大利、法國，被稱為「牛津的改革者們」的柯羅西、李那卡等人所主張的人文主義開始。接著，由基克、安斯加姆等劍橋出身的人文主義者所推展。人文主義的活動，為文學及學問帶來了新風氣，自十四世紀韋克利夫之後的期間，被稱為哲學家的人物已幾乎絕跡，到培根時，亞里斯多德的哲學、邏輯學支配著各大學。

十六世紀的後半期，法國拉姆斯的思想家移入英國，帶來有關研究邏輯學及學問的議論，拉姆斯強烈地非難亞里斯多德的邏輯學，主張學術必須經常根據自然。他的主張被西歐諸國所接受，使大學中亞里斯多德哲學及經驗哲學的權威受到動搖，鼓舞了學生對於正確知識及自然研究的要求。義大利的德雷茲奧、卡巴奈拉、布爾諾等人的著作，即可作為證據。在英國，由於達恩布爾的活動，劍橋成為十七世紀歐洲拉姆斯主義的主導大學，為眾人所周知，而在伊麗莎白時代，狂熱的拉姆斯信徒更是輩出。

培根並不太讚賞拉姆斯，但他將德雷茲奧的著作評為最上等，從他們學習了對亞里斯多德的攻擊，以及訴諸感覺及經驗的事情。布爾諾自一五八三至八五年住在倫敦，有一度曾在

喬爾塔・布爾諾

牛津教書，出版過有宇宙哲學及哲學的著作。他在英國出版的《戰勝得意的動物》一書中，想將人類的力量提高至地上的主權者，顯示出和培根相同的想法。

在邏輯學及探求的方法被議論的期間，劍橋的研究員吉伯特進行磁力精密的實驗性研究，一六〇〇年發表了《關於磁力》公刊。哈維則在一六一六年發表了血液循環說。這些研究也是歸納法極佳的實例，但他們並未持有歸納法的理論。同時期牛津出身的夫拉迪移植了佩拉科西的自然哲學，反對哥白尼、吉伯特、喀布雷、伽利略等人。

另外，牛津的教授卡本特反對亞里斯多德的自然哲學，發表了科學的地理學著作。提高對新知識及學問的要求，各種研究陸續被推展，但適用於新研究方法的理論尚未被確立，這個時代的課題還等待著培根來解決。

以上，我們看見了培根所生活的時代的英國社會，也知道他如何在時代的動向中自處。棓根並不是隨著時代的波浪流動的人，他是時代動向的預見者、先導者。對於培根如此的優異的研究者——華利特，對培根的時代，以及他在那時代所擔任的角色敘述如下：

「現在英格蘭已經進入第一次產業革命。這次革命是繼承修道院被解體的一百年間所發生的產業大變革。結束於一五四七年亨利八世的治世，英格蘭在產業上仍是後進國。一六四二年結束的查爾斯一世的治世，英格蘭在礦業及重工業方面已成為歐洲的一流國家。這種變化，自一五七五年至一六二〇年，是法蘭西斯・培根十五歲至六十歲之間，但是，是最劇烈的變化。在產業方面，培根以科學應用的預言者領先其他的人，一向居於浪潮之頂。」

十五世紀以來的探險精神，於十六世紀的中葉傳入英國，對亞洲等地方新航路的發現，英國人熱心地考慮，其中有兩個計劃，一個是經過俄國的北海岸，威洛畢在瑪麗女王時代曾嘗試過此計劃，但在航路的發現上並無所獲。儘管如此，英國和俄國的交通卻因而打開。

另一個是經由加拿大之北到亞洲的計劃。一五七六年開始，曾嘗試多次，但無法抵達亞洲。不過，卻能到加拿大探險，已屬不易之事。培根的時代，不僅有這些地理上的探險而已，可以說是各方面都在探險的時代。對於政治、產業、科學等各方面都在摸索新的方向。生於此時代的培根，可說是想嘗試發現知識世界新航路的人。

培根在其《學術的進展》一書中，曾對亨利七世至詹姆斯敘述如下：「從玫瑰統合的時代到王國統合的時代這段期間，根據我的判斷，任何同一期間世襲王朝的繼承都看不見的，最稀罕也最具多樣性。」

這個時代正如上面所敘述的，英國從羅馬教會獨立出來，政治上打破了封建體制，進展到中央集權、強有力的君主體制，是從英格蘭變成大不列巔帝國的時代。另外，立足於國民主義的新興中產階級，參與了政治、經濟，以新銳的活力展開活動，是國力充實的時代。英國和大陸諸國的競爭，提早領先一步，對於宗教、文學、藝術，也盡量使具有民族個性的英國風得以發展。對於世界各地，則以企業精神及探險精神進出，想更進一步成為大不列巔帝國。

培根對自己所處時代的特長描述如下：「這個時代的人們與其說『那裡沒有任何東西』（non ultra），倒不如說『那裡有某種東西』（plus ultra），才是正確的。」不僅英國而已，給予歐洲世界一個新的時代——科學及產業的時代——的胎動已經開始了。從古老的時代預見了新時代的動向，比同時代的人更早察知「那裡有某種東西」這問題，探求人類未來入口的人，這便是培根。

第二章　培根的生涯

伊麗莎白王朝的花園

家庭的氣氛

法蘭西斯‧培根生於一五六一年一月二十二日，是英國掌璽大臣尼古拉斯‧培根的么兒，他誕生於倫敦西郊史特拉父親的公邸約克府。尼古拉斯是位思慮周密、溫和、幽默的紳士，高潔而愛好學問，是熱忱的新教徒。他的妻子留下六個孩子撒手人寰，尼古拉斯後來和以擔任愛德華六世老師而聞名的博學家安東尼‧寇克的女兒安妮再婚。和安妮之間，生下了安東尼及小二歲的法蘭西斯等兩個兒子。法蘭西斯是尼古拉斯五十一歲時所生的孩子，因此，父親對他特別疼愛。

母親安妮是博萊伯爵威廉，塞西爾夫人的妹妹，她是位新教徒，也是卡爾文主義者，精通法語、義大利文及希臘、拉丁的古語，有高度教養、性格強烈的婦人。一五五〇年，將義大利的宗教改革者貝那迪諾‧奧吉那的《說教集》翻譯成英文並出版。法蘭西斯‧培根兩歲時，則埋首於將茲威爾主教的《英國教會的擁

父親尼古拉斯·培根　母親安妮·寇克

護》從拉丁文翻譯成英文，一五六四年出版。她熱愛著兩個兒子，當兒子埋首於國家、政治及經濟問題時，她寫信向他勸告道德、信仰上的事情。

法蘭西斯的臉酷似母親，也從母親那兒承繼了旺盛的活力。而他的溫和、自制心、幽默及輕鬆則遺傳自父親。

法蘭西斯·培根可以說是在當時英國第一流知識，以及宗教性、政治性的氣氛中成長。

他幼年住在約克府，五歲時在父親位於倫敦西北十八英哩的塞恩特歐的肯拉培利邸宅成長。依照當時的風氣，從幼年就學習希臘、拉丁的古語，也學習法文、義大利文。

父親由於政務繁忙，因此，將教育的管理委託給母親安妮，但父親對於家事經營思慮極為周密，給予培根深深的影響。

肯拉貝利邸宅在果樹園中建立了小宴會所，裝飾著珍奇的東西，牆壁上寫著音樂、文法、修辭學、論理學、算術、幾何學、占星術等方面優秀人士的名字，以及韻文。同時，擁有禮拜堂、馬房、水車場、釀造所、烤麵包房、水果及蔬菜的貯藏所等自給自足的設施，另外，從距離約一英哩的地方引水到各房間。

餐廳的暖爐上掛了一幅畫，描繪的便是穀物女神席莉絲在教導世人如何播種五穀的場面，該畫的下端題寫著「Moniti Meriora」（教育帶來進步），暗示由於農耕的發明，造成人類生活變革的畫，這對於培根幼小的心靈，無疑給予培根潛移默化的影響。後來，培根一直倡導科學，謳歌發明創造為人類帶來了莫大利益，可以說由此種下了他立志於發明的發現這知識大改革的種子。

在劍橋的學風中

一五七三年，培根和哥哥安東尼一起入學於父親尼古拉斯就讀過的劍橋大學三一學院，接受院長約翰・懷特吉夫特博士的教育指導。在大學的諸學科中，被認定具有非凡的才能，但劍橋的生活只到一五七五年的耶誕節便中斷，在此期間有疫病流行，學校被關閉，二年的在學時間尚未達到授予學院所必要的年數。

培根在大學生活中所得到的收穫有兩項，一是對亞里斯多德的倫理學產生反感，他認為亞里斯多德的邏輯性方法只會加強議論及爭論，但對於與人生福祉有關的生產性工作卻毫無作用。這個想法便是他終生的確信，也是使它抱有改革學問野心的動機。

另一個則是大學宿舍生活的經驗，關於這點他敘述如下：

「我對個人在家庭的事情，認為只是找出教師身邊的教育罷了，不如說我特別喜歡為青少年而設的寄宿學校。在宿舍中，青少年之中有極大的競爭，並且謹慎坦直的同學的態度及相貌，會促使人更加謙虛，對青少年能從年輕時就成為模範。簡單地說，宿舍生活有許多優點。」

少年時代的培根

在劍橋大學裡，培根究竟學到了什麼？受到什麼影響？這都不清楚。亞里斯多德的哲學，到中世紀時成為經驗哲學，數百年來，成為歐洲哲學的權威。十五、六世紀的文藝復興時期，許多前衛性的學者開始反對它，認為取代傳統邏輯學、哲學的新研究方法有其必要。其中除了自然研究者之外，也有一批人推展被稱為人文主義的新文學運動。

一五三七年在母校教希臘語的羅茲・安斯卡姆，也是這些人文主義者其中之一，除此之外，約翰・基克、湯瑪斯・威爾遜等劍橋出身的人文主義者，是推展英國文藝復興的人士。這些人在另一方面是國粹主義者，反對當時作為學術語使用的拉丁文，主張應用英文書寫，並加以實行。這些人和培根的直接關係並不明確，但在劍橋的學風中，使少年培根厭惡亞里斯多德，助長他的國家主義，也是不無可能的。

雖有許多反對者，長久持續的亞里斯多德的權威，並沒有那麼簡單就崩潰。十六世紀的後半期，一度亞里斯多德主義似乎復興。譬如，牛津的約翰・柯伊芝所寫的亞里斯多德的邏輯學、倫理學的教科書便是一例。一五六二年劍橋三一學院的邏輯學教授約翰・薩培遜也是位亞里斯多德主義者。

培根在進入劍橋就讀之前，亞里斯多德主義的絕對信奉者艾培拉特・達克畢擔任劍橋邏輯學的講師。達克畢用著作批判了當時非難亞里斯多德最為激烈的法國學者拉姆斯，也攻擊了劍橋的拉姆斯主義者的威廉・塔布爾。

塔布爾在一五七三年培根入學的那一年，成為劍橋的研究員，不久，開始教授邏輯學。他最初是達克畢的弟子，但後來成為拉姆斯的解說者、擁護者。不僅在英國，連歐洲大陸都眾所周知。由於他的活動，使劍橋大學在十七世紀博得拉姆斯主義的主導性大學的名聲。此後，一般來說牛津大學仍有保守的傾向，劍橋大學則有自由主義的傾向。其基礎已在此時期奠定。塔布爾於一五八〇年為了擁護拉姆斯，出版了向達克畢挑戰的著作。

培根知道了達克畢和塔布爾兩人之間的事情，也知道他們的著作，這大概是不必懷疑的事。或者，達克畢曾經擔任培根邏輯學的導師，也不無可能。培根對於亞里斯多德哲學的反感，也許是透過達克畢的亞里斯多德主義邏輯學而感覺出來。因此，聽到反對者塔布爾的說法，以達克畢的拉姆斯主義為媒介，刺激了對柏拉圖及他以前的希臘哲學家的關心。達克畢及塔布爾所代表的新舊二派邏輯學的爭論，引起了培根的注意，對於他的思想發展方向無疑有不小的影響。

父親的遽逝

一五七六年六月，培根和離開劍橋的哥哥安東尼入學於父親曾就讀的葛萊公會法學院。法學院是由評議員、幹部員、法庭律師、訴訟見習學生所組成的法律專業養成團體。推測他從劍橋轉到法學院的理由，可能是培根對在劍橋的哲學爭論感到興趣，父親尼古拉斯看了，擔心他脫離了政治家或法官之路，認為趁早讓他學習有關法律的實務性學問為妙。

一五七六年的秋天，在他就讀於葛萊公會法學院以前，隨拉丁文的家庭教師——英國駐法國大使埃米亞斯．鮑萊一行到法國。得到大使的信任，為了傳達給女王的訊息，獨自一人回國，完成大任而受到讚揚。然後又歸任於法國，至一五七九年為止，一直駐在巴黎等地。當時法國剛發生聖巴索羅密大屠殺事件，隨著紐科諾戰爭及宗教改革，新舊兩派的政爭及動亂仍未平息，因此，宮廷也離開巴黎，一直在遷徙地方。在這些政治性、國際性的大事件發生之際，培根滯留在法國，在見識的增長上獲益不少。

在哲學思想上，當時激烈批判亞里斯多德的拉姆斯主義，更獲得引起他注意的機會，閱讀孟德斯鳩的《隨筆集》，受其刺激，也想寫這類著作。另外，晚年的著作《自然史》便是以滯留法國時的回憶、經驗及自然現象寫成。《學問的大威嚴及壯大》一書則敘述了滯法所發明的政治、外交上的新密碼記述法。

一五七九年二月，父親尼古拉斯由於感冒惡化而突然逝世，培根回到英國。一六二七年出版了《資料的森林》一書，在父親遽逝於倫敦的數日前，他做了一個夢，父親在肯拉貝利的家被用黑色的壁土塗抹。那是父親尼古拉斯為了能讓法蘭西斯謀生計所購入的土地，然而，在他死前無法完成手續。

連父親前妻的孩子一共有五個兄弟分配了遺產，境根所分得的只有全部遺產的十五分之一，比他的哥哥們少了許多。因此，培根被迫過著窮困的生活。十八歲時失去父親，帶著一點點的遺產及極大的野心，用自己的頭腦、辯才及筆力，正面迎向世間站立起來。

作為法律家的培根

從法國回國後的一五七九年，培根到葛萊公會法學院復學重做學生，再開始正規的修學。肯拉貝利的邸宅由母親安妮繼承，培根則住在法學院內。由於遺產極少，首先必須謀生計，因此他選擇了法律職。在法學院研究普通法，寫了二、三篇有關這方面的小論文。那些論文和當時的法律大家相比，不論量或內容都不及，但據說在解釋法律的深度上，並不輸於他們。

一五八二年六月，培根通過考試成為正式的下級法院律師，一五八六年，成為法學院的幹部，一五八八年，成為講師。一五八六年獲西敏寺法院，也就是有名的星法院（當時英國的民事法院）辯護的資格，一五八九年繼任為星法院的書記。這一方面得力於表弟羅勃·塞西爾的幫助，一方面也是受到女王愛護的一種表徵。這個權利一年有一千六百英鎊稱為「復歸財產權」薪俸，但獲得此恩惠必須等待將近二十年才行。培根說：「也許會讓遠景美好也說不定，但無法滿足倉庫，只是別人田地上的富麗邸宅。」培根以此作為抵押向人借錢，從女王駕崩五年後的一六〇八年，他開始獲得收入。

他研究法律，以法律專長謀生計，然而培根的興趣及熱情仍是向著哲學的研究。雖現在沒有保留下來，但他有關哲學再興的最初論文《時代偉大的誕生》，是在一五八五年左右寫的。一五九二年，為葛萊公會法學院的學生們寫了假面劇的劇本《知識的禮讚》，一五九四年寫了《葛萊公會法學院的態度》。前者是非難希臘鍊金師的自然哲學的作品。後者是為了哲學的研究，勸告圖書的收集、養育動植物的自然園，以及從人工物至自然的標本室、科學實驗的設施。令人想起了之後的著作《新亞德蘭迪斯》的蘇洛莫學院。

他此時期的心境，清楚地表現在一五九二年寫給姨父博萊爵士的信裡。信的末尾他這樣敘述：「最後我要向你告白，我具有適度的世俗性目標和遠大的思索性目標，那是因為，我將所有的知識作為自己的領域。而如果我能從那些領域將兩種海賊——第一是淺薄的論爭及冗長的論駁，第二是盲目的實驗及道聽塗說的欺瞞，犯了許多的掠奪罪——加以一掃而空的話，我這樣期待著。如果能勤勉地觀察，找出有根據的結論，得到有益的發現，就會帶來各領域最好的結果。」

徒勞無功的懇求

姨父威廉・塞西爾

培根的家系及生活環境，極其自然地培養了他以在宮廷立身出世作為生活目標。培根擁有在政界掌握權勢的親戚，和宮廷的緣份並不淺。財務大臣威廉・塞西爾是他的姨父，表弟羅勃・塞西爾也是伊麗莎白女王的閣員。培根想儘可能利用這些有力的親戚以獲得地位，而被人提拔也是理所當然的事。

然而塞西爾對培根的要求並未大力促成，並沒有像培根所期望的有何進展。因為培根本身的態度非常傲慢，對於地位的願望過於強烈，他的企劃某些地方頗有異想天開的成份，塞西爾父子除了認為學問的才能和政治上的才能不同之外，另一方面也擔心培根的才能會成為自己地位有力的競爭者，所以才未熱心推薦培根，使他順利走上仕途。

培根從劍橋大學的經驗，感到大學人文學科的制度有改革的必要。他曾寫信向姨父提出建言。但塞西爾認為，學問的改革和作為國家制度的大學的改革，在起源、性質、對策上不同於其他的東西，並未接受他的建議。尤其對培根在學問的研究上熱衷於新的發明及發現，使他得到被推舉任宮廷官職的結果。

培根屢次透過有力者的請願，希望能謀得政府的要職。譬如一五八五年深深獲得伊麗莎白女王信任的威爾西卡姆，便曾接過培根的信，請他詢問以前所申請的法律職，女王的裁示究竟如何。當時，女王對培根所申請的職位作了「不需要」的裁示。伊麗莎白認定培根幼年所展露的才能，私人上給予自由交際的榮譽，對有關法律上或時代的難題偶爾會要求建言，但並未給他要職的地位，在伊麗莎白女王時代，培根可說是懷才不遇。

孤獨的影子

處女演說

一五八四年，培根獲得當時道塞特西亞沿岸非常繁榮的麥卡瑪利茲地區下院議員的席位，十一月集會的國會中，由於打倒伊麗莎白女王的陰謀暴露出來，整個國會沸騰不已。

這個陰謀，便是迎接蘇格蘭的廢女王就任王位，使英國恢復天主教，和西班牙、羅馬的天主教勢力相互呼應，而新教各派、下院都支持伊麗莎白女王。但女王任命保守的約翰·懷特基夫特為坎特伯雷的大主教，甚至反對女王的支持者，要求修正教義統粹化的方向的激進說教者，也強化了國教會教義的統一。而培根的母親是激進的清教徒卡爾文的信奉者，對於這種演變受到極大的打擊。

培根對於世俗的問題是個穩健的改革者，對於宗教問題上新舊兩個極端的對立，也以寬容的態度採取中庸之道。正如前面說過的，他寫信給伊麗莎白女王，勸告她不要用壓抑政策對待天主教徒，為了對外的一致，應謀求避免國內的摩擦及混亂。

培根在國會的處女演說，有兩項特徵。第一是暴露出毫無遠慮的議論，第二是自己的繼承遺產。這是他企圖引起女王的注意，讓她瞭解自己的貧困及自己的父親為女王做了多少事情。他的演說被認為率直而接受，另外個人的金錢問題，則寧可說產生不良的影響。

一五八六年，成為伊麗莎白第六國會中代表德恩特地區的下院議員，打敗西班牙無敵艦隊的一五八八年的國會，成為利物浦地區選出的議員。這次的國會，一直到翌年一五八九年二月都沒有集會。女王為了防備將來西班牙的夫利貝二世侵入英國，要求下院承認獻金，在法令上首開政治獻金的先例。

培根是法案委員會的一員，他承認了兩項獻金。由於這件事情，培根被認為是主張王權對下院有權限要求獻金，而為眾人所周知。

作為下院的代辯者

一五九三年一月召開的國會，培根是密特塞克斯地區選出的議員。當時他三十二歲，在國會的名聲正逐漸上揚。他的哥哥安東尼是威里庫夫德選出的議員，但由於健康不佳的關係，並沒有與會。此時的培根，被艾塞克斯伯爵推舉為法務長官。

在這次的國會中，伊麗莎白女王要求承認兩項獻金。此時，姨父博萊伯爵擔任首相，表弟羅勃・塞西爾則是女王的代辯者，法務次長科克是下院議長，掌璽大臣是約翰・布卡里克。

布卡里克演說時說，為了西班牙艦隊的重建，需要國費支出，但國庫貧乏，有必要作獻金的承認。而且，此時不需要新的法案，已經有許多法律，寧可說有簡略化的必要。最後，他認為不必要作長篇的議論，下院應該將時間花在實務，以此作為結尾。

培根對於獻金基本上是支持的，但他演說如下：「我非常滿意掌璽大臣關於女王陛下的演說，也就是說，掌璽大臣認為王國的法律及舊態的省略，是非常適當的……，一般的國民，連一半也無法實行，法律家也無法充分瞭解的事情，實在非常多。」

以三十二歲的年輕律師，在充滿法律專家的下院裡，培根宣言法律是為了保護國民的權利及福祉而制定，並不是為了培養法律專家，需要有很大的勇氣。這次的演說，無可避免地引起了以普通法的大家為己任的科克的激怒。培根對於法律的改革非常熱心，他演說時的精神，後來成為法律的著作而呈現於世人面前。

下院對獻金的承認感到很為難。羅勃・塞西爾說：「和上院協議，上院對於下院所提的認可額——三年之間每年一英鎊四先令的三項獻金——應加以決定。」

多數的下院議員，認為國王議決國費的支出，是對下院特權的侵害，大力反對，對於獻金的金額及下院的特權，眾人議論紛紛產生了糾紛。培根對獻金本身並不反對，但看見下院的特權受到侵害的危機，決定作為下院的代辯者和上院力爭。女王、姨父塞西爾、布卡里克及其他宮廷派人士都予以反對。培根會引起公職陞遷所依存的人士的激憤，是顯而易見的結果。

但培根被良知鼓起了勇氣，特別勇敢地演說：

「我對有關承認獻金的問題，不喜歡下院贊同上院。下院的慣例和特權，是經常對上院最初所提的獻金進行表決。主張那是我們的特權是理所當然的事。看看我們之上絕大多數者所負的重擔，沒有向他們感謝的理由。」

下院議長科克決定用投票表決和上院的協議是否可行，結果是一百二十八對二百一十七票，以反對者佔多數。首相塞西爾的威信大大減弱。培根充分自覺到國民對於獻金不斷增加的不滿。他對於獻金本身並不反對，但主張支付期間若是不分配於六年之間，國民就會發生全面性的貧困。

他挖苦說：「紳士們必須將他們的餐具，農夫必須將他們的黃銅器具出售才行，不久，獻金就可以支付出來了吧。」

最後，女王得到所必要的臨時獻金的承認，但培根也得到不必和上院協議便能決議國費支出，使下院擁有頗具價值的特權，他自己也成為名聲高漲的勝利者。

伊麗莎白女王的失寵

培根在國會的言行，激怒了伊麗莎白女王、威廉·塞西爾及其他的有力者。布卡里克大大責備培根，威廉·塞西爾也向他傳達了女王的不悅。這段試練的期間，培根以男子氣概及威嚴行動，想到了他當時悲慘的經濟狀態，更值得讚賞。當時，下院的權力被女王所認定，而下院的大多數人則支持培根，是非常幸運的事情。然而，在一五七六年、八七年、九一年的國會，畢達·威特華斯主張言論的自由，因而被受到倫敦塔，這次事件仍記憶猶新。

對培根來說，要保持女王的重視是不可缺乏的一環。在此之前，女王並不是對他特別注意，但作為異例而有接見的自由，是女王從年幼時便瞭解培根特別表示的心意。然而，現在最大懲罰便是，晉見女王的自由被剝奪了。培根對於沒有意圖卻導致女王的生氣，也未加辯解。

「我最近在國會的演說，是我對神、女王及祖國的良心及義務而實行的，而它卻帶來了不愉快。由於你昨天的演說我知道了感覺很遺憾。如果被誤傳的話，我為了要發現我所沒有說的事情，但很高興和你隨行。如果被誤傳的話，我為了要去除我沒有那意圖的誤解，想高興地說明我所說的話。」

知道在女王面前失寵的培根，對眼前地位的不安更加悲嘆不已。培根一點也不懷疑自己的對錯，男一方面，伊麗莎白則等待著他去陪罪，但看來他也不可能會去。

和艾塞克斯伯爵的交往

羅勃・艾塞克斯伯爵是培根最熱心的擁護者，他擔任女王和培根之間仲介者的角色，為了培根能再度謁見女王，不斷地請願。

艾塞克斯的母親蕾蒂絲是伊麗莎白女王的表姊，艾塞克斯伯爵在一五八五年至八六年遠征荷蘭時，勇將之名傳揚開來，成為伊麗莎白女王的寵臣之一。培根和艾塞克斯兩人，從一五九〇年至九一間交往頗親密。培根認為艾塞克斯是任何事情都可以談的私人磋商對象，艾塞克斯對培根所抱有的地位昇進的願望，是最熱心的支持者。

一五九三年一月，法務長官的職位出缺，最有希望的候補者是法務次官愛德華・科克，但艾塞克斯推舉培根繼任。結果，科克從一五九四的春天擔任法務長官。於是艾塞克斯懇請女王保留科克所留下的法務次官職位，並由培根擔任。同時，塞西爾及其他的支持，使女王不接見培根的決心更加堅定。再者，由於對女王深具影響力處於有利地位的科克大力反對，連法務次官的推舉也虛懸著沒有結果，培根的希望因而落空。

艾塞克斯伯爵

對艾塞克斯來說，只是常有的事，他贈送當時為債務所苦的培根，位於迪伊卡那姆約值一千八百鎊的土地，由於願望受到挫折而絕望的培根，因不名譽而悲傷，拋棄在宮廷服務的願望，想要回歸學者的生活。

培根的母親安妮勤於寫信給他的哥哥安東尼，某次信中提及：「我對你弟弟因為內心深刻的煩惱而損害健康非常擔心，每一個人都說他很削瘦，臉色蒼白。請依靠神，聆聽聖經閱讀聖經，希望能實踐信仰……，我寧願你們兩人在神的祝福之下保持健康，從債務的苦惱中獲得解放，這比擔任官職更有意義多了。」

培根寫了回信，讓女王對他信仰神的虔誠有所認識，他寫道：「年輕時能得到信仰是有益的。」

《論說文集》的出版

一五九四年的夏天，培根的友人庫雷威爾來信說：「女王對閣下非常憐愛。」聽見伊麗莎白對他的心意，培根的心逐漸平和，獲得莫大的安慰。一五九六年的春天，當控訴法院推事的職位出缺時，培根向艾塞克斯伯爵詢問自己是否能被推舉就任那位子，但培根並沒有像爭取法務長官或法務次長時那麼大力活動，因為他認為地位只不過是種形式而已。在對官職並沒有熱切希望的期間，和女王之間的關係獲得改善。

一五九七年，這位王國的支配者任命培根為特別顧問官。但既沒有聘書也沒有保證。培根實際上從一五九三年就被賦予這項工作，至此時才正式被任命。然而，在形式上還是不完備。

培根在伊麗莎白治世的期間一直擔任此職位。而得到這項公職，卻因為他本身最盡力的支持者艾塞克斯伯爵以叛逆罪告發，最後招來不幸。

女王的失寵和就任官職失敗期間，培根的精力全投注於著作之上，在葛萊公會法學院進行有關法律的演講，一五九六年整理成《法律的訓詞》一書。據說，《拿破崙法典》曾受到培根提案的影響。《法律的訓詞》後來並在《學問的威嚴及壯大》一書中，以「和普遍性的正義或公正的源泉有關的論說」為題，成為金言的形式出現。同樣在九六年，完成《善與惡的特色》這本著作，敘述有關說服及建言的方法。

而從此之後開始準備一五九七年出版的《論說文集》第一版，埋首於寫作，並題獻給哥哥安東尼。內容主要是有關追求個人利益的問題，由十章所組成。一六二五年的第三版，已擴大為五十八章，是其著作最熟為人知並被廣泛閱讀的一本。但對培根來說，和《法律的訓詞》相同的，並未投注主力於書上。

艾塞克斯的傲慢

為培根擔任控訴法院推事的運動，是否能成功尚未明朗的期間，艾塞克斯於一五九六年六月攻擊了西班牙南部的卡達斯，在一日之內將西班牙艦隊殲滅。關於這次的戰勝，僥倖的成份居多，但二十九歲的青年艾塞克斯對於自己的功績十分自傲，粗暴的行為愈來愈明顯。一五九八年因為推舉愛爾蘭總督的緣故，和伊麗莎白女王發生衝突，招致女王的激怒，終被引退至溫斯頓。

當時愛爾蘭的帝洛所主導的叛亂很威猛，艾塞克斯被起用為平定軍的總督。一五九九年三月，他率領一萬六千名士兵及一千五百匹軍馬從倫敦出發。遠征之前，培根對愛爾蘭問題的困難之處及攻略的方策，詳細地給予艾塞克斯忠告。

翌年四月抵達都柏林的艾塞克斯，由於無法作戰的關係，二個月後（中途補強了二千名士兵）只剩下四千名士兵，女王譴責他「不是重要的守備卻用了過多的軍力」。培根屢次請求謁見女王，正如艾塞克斯長久以來為了他扮演仲介者的角色一樣，也站在仲裁的立場，懇求女王的慈悲。

但事態反而更加往最壞的狀態發展。大遠征軍在帝洛的打擊之下，違背了女王事先嚴格的命令，秘密和帝洛交涉，約定六週的休戰時間。

一五九九年九月，艾塞克斯突然回到倫敦。他立刻被送到約克府，置於掌璽大臣的監視之下。翌年三月，被移送到艾塞克斯府，被當作國事犯看待，八月監禁稍微鬆懈，培根兄弟為了救出艾塞克斯，熱心地奔走著。

一六〇一年二月，艾塞克斯被命令出席樞密院，但他以生病為藉口拒絕了，召集友人懇求幫助。艾塞克斯變成暴民的朋友，為了向女王訴願，紛紛帶著武器前往倫敦。訴願失敗了，艾塞克斯和友人沙威薩波特都被逮捕，送進倫敦塔監禁。

對艾塞克斯的判決

一六〇一年二月十九日，艾塞克斯接受裁判。法務長官科克，指摘艾塞克斯的反叛計劃。艾塞克斯辯解說他是為了得到女王的接見乞求她的慈悲，才回到倫敦，並反駁他作為女王的下屬已盡了最大的忠誠。兩者的爭論激烈化，險些脫離事件的審理。

過了片刻的沈默，培根站起來發言。他說艾塞克斯一夥人的行動是以覆滅國家為目的，經過深思熟慮，談論這些意見之後，結尾又說：「艾塞克斯伯爵，你和自己本身戰鬥，將一切的辯解拋棄吧……。告白一切，不要辯解，我認為這是你最好的辦法。」的確，這個辦法對艾塞克斯來說是最慎重的解決之道。

更進一步地，在一下個機會培根說：「艾塞克斯伯爵的意圖，是他本身只是一個哀求者，想要到女王陛下的面前，這樣主張。果真如此，他的懇求是應由武裝者來代表的嗎？這一定會招致國土失去自由的結果。」

艾塞克斯伯爵被宣告有罪，二月二十五日被處死刑。

從宣告到執刑期間，培根一再懇求女王的接見。並且以「從至高的手不斷發散的香油，會給予人民的感覺優美的氣味」作為比喻，乞求對艾塞克斯助一臂之力。對艾塞克斯的同情極深，曾有這樣的經過。但為了消除艾塞克斯可能被不公正地對待的印象，女王命令培根寫下艾塞克斯伯爵事件的來龍去脈。一六〇一年「前伯爵艾塞克斯及其同夥的計劃觸犯奸策及反叛有關的宣言書」，便是此事件的始末。

培根作為女王的顧問官，參加了艾塞克斯的裁判，為了培根那麼盡力的艾塞克斯，他卻背叛了這份友情。培根鞭笞友人的無恥行為，受到許多人的非難。如果參加裁判不能棄權，棄權將招來女王的憤怒的話，應該隱退過著學者生活度過餘生，輿論一致如此譴責他。

培根的行動，在人情之上不能說沒有遺憾之處。培根憎恨必然會產生的無政府狀態、混亂，用暴力侵害國家的主權。他明確的區別對艾塞克斯的私人友誼及國法所要求的公共義務，選擇了後者。

一六〇四年，迪溫恩西亞伯爵對培根的辯明敘述如下：「有很美好的心、誠實的人，如果要捨棄神的話，任何人都會捨棄國王，如果要捨棄國王的話，任何人都會捨棄朋友，並且如果要捨棄自己的朋友，有人會捨棄地上的財產，有人則連自己的生命都捨棄了。」

培根並不是一開始就對朋友見死不救，而是和哥哥安東尼一起，調停艾塞克斯和女王之間的糾紛，他不斷地請願，只是都未見效果而已。

當然，也不是培根本身要求參加裁判。想到都鐸王朝的專制，除了服從女王的命令之外，別無他法。也許是站在女王這邊，為了擔心國家機密被洩露，擔任監視的角色而參加也說不定。關於職務上，伊麗莎白女王知道培根擁有最值得信賴的能力。

哥哥及伊麗莎白女王的逝世

一六〇一年五月，培根遭遇了失去哥哥安東尼的悲傷。安東尼之死，除了在某份紳士的文件記載之外，逝世的日期、地點及埋葬地都不明。安東尼平日的健康狀況便不佳，而他為了營救艾塞克斯伯爵而奔走，身心的過度疲勞似乎加速了他的死亡。

安東尼在才能方面雖比弟弟法蘭西斯稍差，但他的人品是值得敬愛的。培根因為心情和他一體的哥哥的死亡，心中留下了深刻的悲慟，和不動的平靜，以及裁判艾塞克斯時一樣，是他性格上的特徵。母親安妮已經八十歲，據說也在一六一〇年的秋天亡故。培根由哥哥的遺產繼承了肯拉貝利的邸宅。

一六〇一年十月，伊麗莎白女王召集最後一次的國會。培根是伊布西溫基及塞特歐巴貝斯選出的議員。在這次國會中培根值得注意的活動，是有關獨佔的問題。當時種種商品的專賣權特許逐漸增多，全國都有強烈的不滿。

培根認為除了特權所有者本身適當地行使之外，其他人不得干涉這種權利。根據這個論據，反對認定女王的特權對專利權加以干涉的禁上獨佔法案。但是，這無疑是對獨佔在國民經濟上的不合理性視而不見，擁護王權。伊麗莎白女王具有察知國民感情好惡的敏銳感覺。要下院議長科克答應改善，於是國民的不滿一轉變成感謝之念。除此之外，培根的活動主要是法律過剩論，以及對禁止莊園土地化的耕地法的撤回大力反對。

一六〇三年三月二十四日，伊麗莎白在病床大約三週之後，在里奇莫德宮殿長眠，結束了輝煌的伊麗莎白時代。

培根被伊麗莎白女王趁機巧妙地利用其才能，但得到的回報極其稀少。但培根對女王一直有個人的崇敬及忠誠心，熱心地服侍女王。雖未被提拔，但姨父塞西爾在一五九八年亡故，也失去了艾塞克斯的支持，現在又失去了哥哥，以及他活動的依據的女王，培根感覺自己是漂泊於世界的孤兒。

伊麗莎白女王的繼承者是瑪麗·史都華的兒子——蘇格蘭的詹姆斯六世——在英格蘭成為詹姆斯一世。培根有被新國王冷凍的可能，那是因為，新國王是已故艾塞克斯伯爵的朋友，被新國王所信任的宮廷人士，極有可能陷害參加審判艾塞克斯的培根。

深刻的反省及著作

培根到了四十二歲時，仍未被任命任何官職，在對新國王不能有所期待的狀況下，面臨了深刻的反省期。培根當時的心境，可以從一六〇三年七月給表弟羅勃・塞西爾的信中窺見一斑：「如果說什麼是野心的話，我向閣下證實，我的野心受到了挫折……。現在我將自己的野心置於自己的鼻子之上，靠著它我才可能保有下一個時代的記憶及讚賞吧。」

培根在此時期，獲得餘暇得以寫作從前就抱有的學問改革的想法，加以整理成書。也就是一六〇三年《關於自然解釋的序論》、《自然的解釋》、《時代勇敢的產兒》、《學問的前進》的第一卷等著作，都是此時期完成的。

最初是培根將自己的人生計劃及目標，以及自己的性格能力，敘述對自我的評價。由此可窺知此時他的反省。《自然的解釋》的題名，是假想的著作名稱，缺少一部份，是由二十六章所構成，呈現出《大革新》初期的型態。

第三部《時代勇敢的產兒》的題名，則意味著根據發明及發現的新時代的誕生。這本著作，是敘述培根對於學問上的計劃，以及當時具有支配性影響力的學者的態度。柏拉圖、亞里斯多德、佩拉科西斯等人受到非難，塔莫克里特及畢達哥拉斯則受到讚揚。

接著，一六〇四年的《有關物體性質的考察》及《有關人類知識的考察》，都是未完成的著作。前者由十章所構成，在第二章敘述了古代的冥想性科學、當時的模倣者，以及培根作為目標的生產性科學的差異。一六〇五年，從蘇格蘭及英格蘭統合的繁忙國會中，獲得將近一年的自由，出版了前面的第一卷，合起來便出版《學問的前進》的二卷版本。

但是，培根並非不希望獲得政治地位的陞遷，這件事情對他學問改革的計劃也有其必要。他懇求對詹姆斯一世具有影響力的表弟塞西爾，約三百名人士，在新國王即位儀式的前二天被封為爵士，一六〇四年被任命為學識顧問官。

閃耀的榮光

被少女的魅力所吸引

一六〇四年三月十九日，在詹姆斯一世統治之下的初次國會召開了。培根是和前次國會同一地區的議員。在下院他具有二十年的經歷，而提高了他的名聲，被列為下院議長候選人之一，這次國會的重大案件是統合蘇格蘭及英格蘭的委員會，除此之外，他還被選為幾個委員會的成員，證明眾人對他的評價極高。

兩國的統合，受到反動的地方紳士的猛烈反對。一六〇七年二月，培根在國會作關於此問題的長篇演說，他的旨趣是應站在國家的立場來考慮問題。「如果英國兼併了蘇格蘭，讓愛爾蘭服從，和海岸各國握手言和，培養船舶的話，我們就可以成為世界上最大的王國之一。」兩國的統合，之後花了一百年的時間，但在此時奠定基礎，得力於培根的見識及努力之處頗多。同樣地，英國往後的發展也可以說得力於培根的努力。

一六〇六年，培根迎娶了夫人，在此之前的一五九七年，由於艾塞克斯伯爵的熱心介紹，培根曾向博萊伯爵長子湯瑪斯．塞西爾的女兒，也就是威廉．哈特年輕而富有的未亡人求婚，但沒有成功，這位未亡人在一五九八年成為培根的對立者科克的續絃妻子。

培根四十五歲時才迎娶夫人，對象是在國會的朋友貝納迪克特．巴南的女兒愛麗絲。愛麗絲．巴南當時不到二十歲。這種年齡差距，在當時並不是特殊的例子。一六〇三年七月，培根寫給羅勃．塞西爾的信中提及：「我發現了市參事會員的女兒，是個適合我的美麗姑娘。」那位姑娘便是愛麗絲．巴南。因為愛麗絲還小，他大概等了三年。

至於兩人的結婚儀式，有以下的傳說：「培根從頭到腳打扮成紫色，且因為兩人都準備了用金絲、銀絲編織的美服，結果花費了新娘陪嫁的大半。」他們兩人之間，並沒有孩子。培根在去世的前一年一六二五年寫下了遺書。其中，將已經留給妻子的土地及家具，在遺書的末尾以追加的方式取消：「我在遺書中給予妻子承認、確證、指定的事情，不管什麼事情，由於有正當而重大的理由，現在必須將它取消歸於無效，只讓她得到屬於其權利的東西。」

遺書的中途培根之所會改變意志，似乎是因為當時妻子被推測有某種不良行跡。培根死時，她仍是三十多歲的年輕婦人，丈夫死後的三星期，她便和作為家族一員的侍從阿塔畢結婚。

培根夫人
愛麗絲・巴南

她很像她的母親，是個喋喋不休的小暴君，曾經換了四次丈夫。愛麗絲本身的缺點是一個因素，而且，當時的婚姻年齡差距大並非異例，因此，即使再婚是件普通的事情，仍是年齡不合所造成的問題。

培根在《論說文集》中對婚姻的觀點敘述如下：「擁有妻子的人，是將自己的命運質押給當舖的人，妻子不論是好是壞，都是大事業的妨礙者。的確，對公共來說最有益的事業是不要結婚，或由沒有孩子的人完成，他們對愛情方面或資產方面，都與公共與結婚，共養他們的人。」而且「妻子是年輕男人的情人，中年男人的伴侶，老年男人的照顧者。因此男人可以說隨自己喜歡的時候結婚這樣的理由。但對於男人來說婚姻究竟是什麼，關於這個問題，有人回答年輕人還不到時候，老年人則不行，但這樣的人通常被評定為賢人。」

培根到了壯年尚未結婚，一個原因是對母親的感情妨礙他對異性的感情。另外，他對官職一直深具野心，在此夾縫中他致力於學問研究的計畫，並且無法得到任何安定的職位，沒有建立家庭的餘裕。在結婚年齡上，培根遵照了賢人的教導。但他選擇作為中年伴侶的妻子，是個年齡差距懸殊的孩子，也無法成為老年的照顧者，培根並不是在妻子的懷中，而是在外甥的懷中去世。本來很理性的培根，似乎被愛麗絲的少女魅力所吸引，而無法操縱自己的婚姻觀。

新哲學及法務次官

培根在詹姆斯一世的第一國會的努力獲得回報，一六〇七年他被任命為法務次官。此職位是「王國中最辛苦的地位」，一般的看法認為，它需要精確，工作是毫無限制的繁重職務。公務非常繁忙，因為長久對公職的熱望得到滿足的心理餘裕，以及到下一次國會為止的空閒時間，發揮自己學問上的計劃及實際的成果相對照。

他們所企劃的學問「大革新」的全體機構，和成為其主要部份的「解明自然的真正方法」，在一六〇七年所著作的《概略及議論》表示出來。另外，《探求的規則》及《思索及結論》也是同一年完成的著作。兩者都和後來《新工具》第一卷的內容相符合。一六〇八年的《對諸哲學的反駁》一書，其旨趣也是和《思索及結論》一樣，但非難了希臘哲學，將經驗家比喻為螞蟻，合理主義比喻為蜘蛛，將兩者加以融合的蜜蜂式方法。他認為是斷然而純粹的方法，予以大力推展。

《運動的法則》、《熱氣及寒冷法則的研究》、《音響及聽取的森林》都是這時候的著作。這些都是培根想要表示適用於自然解明的方法的實例的小著作。《知識的階段》、《先驅者》則意圖成為相當於《大革新》第四、五部的序論。

一六〇九年用拉丁文寫《古代人的智慧》並出版。由於抱著自己的學問精神古代並不存在的信念，摘取了希臘初期的三十一個寓言，嘗試作政治、道德、科學上的解釋。在培根的生涯中，曾經再度出版，被翻譯成英文、義大利文，廣泛地閱讀。

一六一〇年一月召集的國會，培根是下院中政府的代辯者。並且，作為調解委員會的委員，是將苦情的請願傳達給國王的使者。國會的議論集中於財政問題之上。伊麗莎白女王留下了大約四十萬英鎊的借款，將王室的領地出售以解決困境，但不得不向下院要求獻金。獻金以往主要是依賴地租，但新的財富轉移到工商業者身上。詹姆斯一世決定提高稅率，對商品課征新稅以增加國庫收入。由此產生了國王的大權及下院的特權之間的衝突。

一六〇四年的國會因為是初次召開，一六〇五年發生了天主教徒發動的火藥陰謀事件，最後因國王的同情使事件化為無。但本來信奉王權神授說的詹姆斯一世，缺乏像伊麗莎白那樣察知民意的協調能力。

一六〇九年的國會他演說時說：「國王是地上的神，不負神以外其他任何事物的責任。」這段話提早暴露了無視於國會的傾向。而且，他以頑固的國教主義者壓迫清教徒，以居於國會中心勢力的他們為敵人，導致國會糾紛不斷的原因，在詹姆斯一世自己本身便可找出。

下院以培根擔任請願的特使，培根對忠告如下：「苦情的聲音非常哀傷，但國王不能認為聽了很刺耳。那是鴿子的悲嘆，屬於值得憐愛的忠誠人民，那是忍耐心強、具有謙虛之心的鴿子的悲嘆。」國王和下院之間的衝突似乎是無可避免的，培根的努力也是徒勞無功，詹姆斯一世終於忍不住憤怒，在一六一一年解散了國會。

表弟羅勃・塞西爾

法務長官及下院議員

一六一二年，培根被任命為專利權法院的推事。同年，國務秘書、財務大臣威廉・塞西爾卻逝世了，他的兒子羅勃・塞西爾成為培根的競爭者，阻撓了培根的陞遷。但一旦失去了姨父的支持，在虎視眈眈的政敵中，不得不感到完全孤立的不安。小塞西爾所佔據的地位，不論在力量、才能、經驗上，作為宮廷的第一人，能協調國王和國會之間的對立的人，培根都是最適合的人選，除了求諸於培根之外，並沒有其他的適當人選。

實際上，在後繼者的風聲中，的確列有培根的名字。培根自己也向國王自我推薦。他為了推展自己在學問上的改革，認為獲得此地位便能得到很大的方便，所以大力爭取。對培根來說這雖是絕佳的機會，但沒有判斷力的詹姆斯一世，決定親自擔任法務長官之職，拒絕了培根的申請。

培根全集的編纂者司佩汀批評說：「如果國王有接納培根的申請勇氣，讓培根擔任首相，固定於一個職位上，讓他就像伊麗莎白女王初期的大塞西爾一樣，這樣一來，往後的英國史可能就會步上不同的路程，但這點需要有伊麗莎白女王的精神。」

一六一三年的春天，國家法院檢察長福納米克逝世，他的職位被稱為英國法院檢察長，比當時民事訴訟法院檢察長愛德華・科克所佔的職位更高一級。培根推舉科克為福納米克的繼任者。以普通法為武器，主張支配法律，和主張神權神授說的詹姆斯形成對立的科克，培根想要緩和兩人之間的衝突，刻意讓科克接近國王。科克由於現職的收入較多，不希望被推薦轉職，但他卻做了國家法院的檢察長。而科克之職，則由法務長官的費巴特繼任，成為空缺的法務長官職位，一六一三年的秋天由培根獲得。培根之所以推舉科克，也許是計算了這種結果，也就是說別有目的。

一六一四年國王召集了國會，自從一六一一年國會解散之後，尚未召集過。培根擔憂國王和國會之間的鴻溝愈來愈深，所以，提出以下的建言來疏通國王：「如果國王以愛和尊敬去和國會協調的話，對國王的安全及服侍，會有難以估計的價值。」然而，希望國會成為「愛的國會」的培根，任何一個提案都未得到國王的同意，只留下「混亂國會」之名而結束不歡而散的局面。

這次的國會，培根除了塞特歐巴斯及伊布溫基之外，也是母校劍橋的選區所選出的代表，但擔任法務長官及下院議員卻發生了資格符合與否的問題。先前的例子中，只有培根的前任者福納米克，在就任法務長官之前曾被選為下院議員。經過討論之後，決定今後不認定，但這次則破例認定培根兼職的案例。此時培根被歸類為國王一派的政治家，但讓培根留任下院議員的原因，恐怕是由於培根的人望及名聲。

在國會中，被稱為負責人的人選，必須在議員選出之前由國王核可。有一種傳說是，負責人和國王之間以讓對當選及國王有利的法案順利通過作為交易的條件。這種官辦選舉和課稅成為激烈攻擊的標的。

培根說：「對於選舉有懷疑和風聲，究竟是誰也不清楚。」他敘述歐洲大陸的情況，說明稅的必要，並作以下的演說：「現在的英格蘭並不是去戰爭的人，但至少是夜晚的旅人，和別的國家一樣需要軍備。」

但國王和國會之間的調停終歸徒勞無功，國會在六月被解散。

由於獻金沒有獲得承認，國王為了拯救國庫的困乏，對於都市及個人依照其自由意志，向人民勸誘借貸給政府，但沒有什麼效果，這種被稱為「德稅」（benevolence）的強制獻金，對紳士或商人來說，是個風評不佳的稅項。

法務長官的審問

培根擔任法務長官後的第一件工作，便是抑制當時流行中最不好的血鬥。他在感情上憎恨血鬥，站在曾比劍獲勝的立場，甚至親自起訴二個血鬥者。

對於「德稅」這項強制獻金，在達拉姆、威爾斯、史塔夫特西、西羅波司、貝里夫德司等地尤其引起了激烈的反對。馬爾荷洛的紳士們拒絕了課稅的勸誘，同時也勸其他人拒絕。他們甚至抗議，向人民要求德稅，是違反大憲章及國王即位時的宣誓。塞特•約翰被逮捕，一六一五年四月接受國家法院檢察長科克的審理。法務長官的論告公正而穩當，塞特•約翰被判侮辱國王罪。判決他必須監禁國王所規定的期間，以及罰金五千英鎊。因為他對自己過份的行為謝罪，頗有悔悟之心，監禁很快就被解除了。科克最初認為國王不能強制課征德稅，反對判決約翰有罪，但後來被強迫變更意見。

一六一五年一月，反對德稅極為強烈的清教徒牧師艾德蒙•畢基瑪因為非難攻擊了高位聖職者，由國教教務委員會來調查（後來被教會放逐），為了調查證據，搜索畢基瑪的邸宅，發現傳教的書籍之外，還有一些含有對政府、國王及國王的家族攻擊、謀反、暗殺等意圖的文件。

國務大臣溫恩威特控訴法院推事卡艾薩主持，由八人的委員會審問畢基瑪。培根身為法務長官，當然也是委員之一，但他並沒有扮演很重要的角色。據說這次的審問，為了探查背後關係竟進行烤問。對於這種用烤問來審問，在當時是很平常的事。但是，並沒有培根強行烤問的證據，或是反對的特別證據。不能因為這次事件而譴責培根喜歡血腥的烤問。

畢基瑪因叛亂罪被宣判死刑，但後來有一說是，他上訴自己的罪行而救回一命，另有一種傳說，則是他在行刑前便在獄中死亡了。

和擔任法務長官的培根有關的大事件之一，便是詹姆斯一世原來的寵臣沙瑪西等伯爵羅勃•卡伊的審問。他和出身於蘇格蘭，故艾塞克斯伯爵之子艾塞克斯的前妻法蘭西絲•荷維特結婚。沙瑪西特伯爵的朋友湯瑪斯•奧烏波里反對這樁婚姻。他後來因為拒絕到海外擔任外交官，被關在倫敦塔，在塔內死亡。從塔內下級監守人的口中，傳出沙瑪西特伯爵夫人法蘭西斯曾出入於塔內，將奧烏波里毒殺的新聞，因為受到懷疑，沙瑪西特伯爵被認為和此事件有關。在事件的搜查時，從沙瑪西特伯爵的文件中，發現了和西班牙之間的外交機密，是和國王的名譽有關的文件。

這次的事件，一開始是由國家法院檢察長科克負責調查，後來法務長官培根也加入調查工作。培根審問了沙瑪西特伯爵，將外交問題及殺人事件分開處理。

證據對沙瑪西特伯爵極為不利，但並不是決定性的。審查委員會暗示他國王的慈悲為懷可能會救他一命，想引導他自白，但沙瑪西特伯爵冷靜地對審問提出反證，主張自己是無辜的。一六一六年五月，沙瑪西特夫婦被全體委員一致宣判有罪，但五年的監禁之後，沙瑪西特伯爵夫婦便被釋放了。

科克的失寵

培根和科克的重要對立之一，是兩人對於裁判及法官的想法不同。培根認為一切都是為了人民而做的，理想性國王所實行的獨裁的君主政治，寧可說是好的體制。因此，有必要維持國王的大權。

對於種種法律上的紛爭，法官在仲裁國王及下院之間的事務時，不僅僅是審判者而已，還必須扮演服侍國王的擁護者角色。在其《論說文集》中，有關司法權的論述如下：「法院必須是在國王之下的獅子。」

科克在伊麗莎白及詹姆一世時代擔任法務長官時，是國王強有力的先鋒。自從擔任民事訟訴法院的法官之後，以累積的判例作為普通法的依據，採取「法官是國王和人民的調停者」的態度。在塞特•約翰的裁判中，主張國王不能強制課征德稅，反對宣判有罪，便是其中的一個例子。

另外，關於畢基姆事件究竟是以毀損名譽罪起訴，還是以叛逆罪起訴，除了科克之外，詹姆斯一世事先曾分別詢問過三位法官。像這種尋求法律的技術性問題的意見，並不是不法行為。但科克認為，事先分別詢問法官沒有慣例，加以反對。後來，他陳述說中傷或誹謗並非叛逆罪，但贊成以叛逆罪起訴畢基姆。沙瑪西特伯爵事件中，最初也是由科克負責搜查，但未向國王報告，他主張在公開起訴之前向國王報告是違反憲法的行為。

培根和科克的對立，導因於詹姆斯一世和科克的對立。科克於一六一六年六月被免除國家法院檢察長的職務，暫時終止樞密院顧問的頭銜。而考慮著如何讓國王和科克之間關係更為融洽的培根，終於承認失敗。

大榮升及著作

一六一四年後期，詹姆斯一世的寵愛從沙瑪西特轉移到騎士史伊特的年輕兒子——喬治・維里爾茲——的身上。維里爾茲於一六一七年被封為白金漢伯爵，一六一八年被封為侯爵，一六二三年被封為公爵，在宮廷中頗具權勢。想謁見國王的人，無論是公私事務都必須透過白金漢，他私自任命指導者、外交家及政治家。培根刻意保持和白金漢的親密交往。樂天派、過份期望別人是培根的弱點。由於和白金漢的親密交往，雖得到官職陞遷，但也招致他本身的毀滅。

白金漢公爵

一六一六年六月，培根被任命為樞密院顧問官。翌年的一六一七年三月，艾爾茲密辭去掌璽大臣之職，向國王及白金漢懇求的結果，培根被任命為父親尼古拉斯曾擔任的掌璽大臣。五月七日，培根的馬車行列開向法庭，從葛萊公會法學院出發，意氣風發地向著西敏寺宮殿前進。看見這番情景的葛萊公會法學院同事洛克，說了一句預言般的話：「他可能會再回到這裡，和我一起住吧。」

一六一八年七月，培根被任命為大法官，他批准創設威爾拉姆男爵。此時培根是五十七歲。而一六二一年，則創設了聖歐爾巴斯子爵。自從服侍於詹姆斯一世之後，培根的陞遷非常迅速，但是，晴天霹靂落下的時刻，連神明本身也無從知道。

一六〇九年至二〇年之間，是培根公務最繁忙的時期。但他非常珍惜閒暇的時間，重新再檢討《大革新》的計劃，想要儘早完成。一六一二年他寫了《知識地球儀的區分》，同年的《天體理論》是接續前書的一系列著作，這是他受到伽利略在天文學上的發現的刺激，所完成的著作之一。此時期他完成了許多有關天文學的著作。《漲潮及退潮》被推定可能是此時期的著作。《關於自然解釋的十二章》、《金言及勸告》則被認為是一六〇八年至二〇年左右的著作，這些都可以說是《新工具》的草案。一六二〇年包括《新工具》在內的《大革新》，以及《自然史及實驗室安息日的前夕》。

巨星的墜落

召集新國會

一六二一年一月二十二日，培根所誕生的約克府中，在許多朋友、賓客的祝福聲中，培根以英國大法官威爾拉姆男爵的身份，度過了輝煌的六十歲壽誕。過了五天之後，他又封為聖歐爾巴斯子爵。得到最後榮譽三天之後的一月三十日，國會召開了，他忙著準備開會的一切事宜。國會自一六一四年六月解散後，已有將近七年未召開。詹姆斯一世非常討厭國會，尤其是下院對獻金的抗議，以及對國王大權根深蒂固的疑問態度，更是讓他產生憎惡感。

屈服於伊麗莎白女王的勢力再度復甦，和同樣是天主教國家的法國、奧地利攀上關係。一六二〇年九月，侵略萊茵河畔的佩拉迪納伊，由於詹姆斯一世將女兒嫁給佩拉迪納伊的選舉侯佛萊迪克，詹姆斯一世宣言將調派援軍，為了獲得戰費，決心召開集會。詹姆斯一世的決心並不是很強，甚至想將英國製的槍賣給西班牙。

平常就建議國會和國王保持融洽的培根，遇到這個好時機，靠著他的地位及影響力，讓國王召集國會。而對於國王在國會的宣言國會的構成提出建言，積極準備毫不懈怠。培根、科克及其他三位顧問官，事先檢討了在國會可能會引起議論的問題。

詹姆斯一世

其中的問題之一，是有關專賣特許權事宜，對此問題應該採取行動，透過白金漢侯爵向國王提出建言。即使和下院之間的溝通有障礙，培根仍確信能和以往一樣加以處理。

一月三十日，國會召開，但對這次國會的召開最熱心的人士，卻在數星期內捲入毀滅的漩渦，完全沒有預兆。下院第一對寵臣白金漢，第二對他應負責任的專賣特許權，第三是他對西班牙的消極性外交政策，抱著不滿的情緒。國王為了行使軍事力要求戰費的援助，下院進入審查軍事費的程序，下院的訴願委員會目標向著專賣特許權。

專賣權問題

專賣權是為獎勵新工業而設的，但是，由於專利費成為王室財政的收入，有濫發的傾向。獲得專賣權的人，只限於王室身旁的貴族及少數者，不但使物價上漲，也使產業活動停滯，成為民眾埋怨的原因。

伊麗莎白女王因為察覺民眾的不滿，抑制了特許，詹姆斯一世的初期，專賣權只有十件以下，但此已經變成多數。

一六〇一年的國會，培根列舉了促進發明、抑制供給過剩、刺激產業改善、回報發明的勞苦等多項理由，作擁護專賣權的演說。

培根成為管轄專賣權特許的國璽大臣之後，認定了許多專賣權，其中有風評最不好的種類。啤酒的一種艾爾酒酒店及旅館獨佔，便是其中之二，旅館業的特許便是賜給白金漢的內弟莫貝索，顯然有徇私之嫌。

一六一一年所設定的金銀絲製造專賣特許權，關於其合法性，長久期間都不斷有爭論，可以說是糾紛最激烈的一項專賣權。這項特許權在一六一六年又加入了白金漢之弟愛德華・維里爾茲的爭取，重新被認定。長期從事研究的工人，認為金銀絲並不是新工業，爭取其合理性。

一六一八至一九年，培根由於金銀絲製造專賣特許權的全理性被宣告，以莫貝索及米基爾為手下，開始操作權，不被許可的工人所開的店，紛紛被關閉，銷售絲織品的商人也都被逮捕。培根確信這項特許權的合法性，在筆記中曾寫道：「獨佔是所有交易中的禍害，表面上的公眾利益不能被許可。」金、銀是財富的純粹型態，並非商品，對它的使用國家必須盡到監督之責，這是培根主張金銀絲製造專賣權合法性的理由。然而，國會面臨了對現實強烈不滿的民眾，而且又碰巧國會開會。

一六二〇年十一月，培根勸告白金漢兄弟放棄不滿之聲極多的特許權，但白金漢兄弟認為這和個人的名譽有關，並未接受。

下院中彈劾專賣權的先鋒是科克，彈劾從專賣權的行使轉移到專賣權的裁定者。一六二一年三月，下院將調查的要求送達上院，這含有對國王的大權加以限制的意味。培根至此才知道事情的嚴重性，他向詹姆斯一世求援：「連陛下的大法官也敢攻擊的人，等於是攻擊皇冠，十分可怕！」

大法官的告發

三月十四日，大法官培根的訴訟委託人奧波里向下院的大法官裁判誤用調查委員會申告下面的事情：

在他的訴訟案件進行時，為了獲得有利的判決，曾贈送金錢給大法官，而大法官也接受了，類似的事情，接著又有名叫艾卡伊的男子陳情。

此時的培根，正位居上院的官職，似乎並未自覺到這些告發的嚴重性。他寫了一封信給白金漢：「我知道自己擁有潔白的手及心。為了朋友及佣人希望我的家是潔白的。」又說：「告發是遊戲……。希望國王及閣下對於這種抗議能作一個解決。」之後，在三月十九日將下院的訴願及責問傳達給上院，申請協議的結果，由於培根已是閣員且身為上院議員，在此期間，荷維特夫人申請了第三個陳情，陳情陸續發生著。

此時，培根已經躺在病床上，無法出席上院。委託白金漢送信給上院。對因為生病而無法出席上院之事謝罪，對於來自下院的責問，希望依照法庭的手續，能有辯明的機會，即使對一年下二千個判決的大法官的抗議增加，也不能過於吃驚。這封信翌日在上院被閱讀兩次。三月二十二日，下院將有關大法官的三件新的陳情案作成報告，移送到上院，委託上院的調查委員會調查。

培根聽見自己可能會在上院接受審問，心中大喜。因為他相信自己能鎮住這場暴風雨。三月二十五日，給詹姆斯一世的信中敘述如下：

「回頭看自己，現在還看不出這場暴風雨的源頭。我並不是國民貪婪的壓迫者……。我沒有繼承父親憎恨別人的性格，而是作為一個良好的愛國者而出生……。我被責問是否索賄及接受贈物，但我並不具備接受報酬這種妨礙公正的腐敗心理。」

三月二十五日，詹姆斯一世答應將下院風評最不好的旅館業、艾伊爾酒店、金銀製造業等三項專賣特許權取消，想要援助裁定者，但為時已晚。白金漢為了解散國會以保護自身的安全，懇求國王，但那是不可能的事。

被白金漢的話所擺佈是詹姆斯一世失敗的最大根源，國會的解散，製造了使攻擊直接朝向都鐸王朝的機會。三月二十七日，國會停會但兩院的委員會仍繼續保留，直到四月十七日才再度召開。

有罪的告白

培根的病情並不理想，四月十日他寫下了遺書：「根據主的聖餐式，我的靈魂在天神的身邊，縱然我的軀體不為人所知而被埋葬，我的名字會留在下一個時代及外國人們的心中。」在肯拉貝利的休養期間，他逐漸恢復了健康，對於加諸自己的事件再加檢討，在筆記中寫下法官應有的態度。

培根在當時尚未充分瞭解問罪的內容，相信自己的清白，下定決心要對告發作辯解，而在國會再度召開的前夕，培根非正式地和國王會見。就在這次會見，培根放棄了對問罪的辯解，決心服罪。

詹姆斯一世害怕召開正式的裁判時，會有暴露王室內部腐敗事跡的危險，懇求培根服罪，命令他接受。相信國王會擁護自己的培根，未料國王竟命令自己服罪，會見結束時，他以一句話作為臨別之言：「我是第一個犧牲者，希望我是最後一個。」

四月十九日，有關的調查結果被宣讀，從三月十七日開始文件上便公開使用「大法官收賄」的字眼，培根非正式拿到它的複本。看了複本，竟有二十八項的告發，知道國會的想法已經非常明白，判斷合法性的辯護。上院的調查委員會設有關於被告辯護，而且，所受理的證據沒有經過討論，只是對於大法官的受賄案件展開調查。這是不公正、以陷害大法官為目的的做法。

然而，為了辯白，培根必須列舉反證才行，他在寫給上院的信裡說：「一年判決二千件案件和寫命令書的法官」。縱然有許多輔佐者，從處理過的龐大事件中要追溯記憶，說明事情加以反證幾乎是不可能的事。因此，培根放棄了辯護，想要乞求援助以避免不名譽。

四月二十一日，寫信給國王，翌日，寫了最後的控訴及請願信函給上院：「因此，我對以下的事情率直地告白、承認。也就是說，不需等正式的國會召開，依照自己的良心及記憶，瞭解了問罪的詳細情形，只根據那份材料，決定放棄辯白，上院的諸卿要非難、責問已經很充分了。」然後又附帶寫著：「上院諸卿，這是個人的罪，同時請不要忘記時代的罪。」這樣還不滿足，培根要求對於問罪與否的回答，想利用這個好機會，埋葬偉大的敵人。

四月二十四日，上院記載告發及證據的複本正式送達。四月三十日，培根以大法官的名義所簽署的最後一份告白書送達上院。對於二十八項不正及怠慢的指控，他承認收受了一萬一千六百三十英鎊的賄賂：

「沈潛於自己的良心，盡量為了說明喚起記憶，我明白且坦直地自白犯了收賄之罪。而且，我捨棄一切的辯護，將自己委託給上院的仁慈及慈悲。」

上院經過討論之後，五月三日作出判決：㈠四萬英鎊的罰金。㈡在國王未許可釋放之前，需監禁於倫敦塔。㈢禁止就任國家的公職、地位及職務。㈣禁止在國會保留席位，以及出入宮廷的範圍。以上即為判決的內容。

並不是一切都對培根很苛酷，巴恩科爾的主教，想讓培根避免監禁而努力奔走，王子查爾斯也為了援救培根的名譽，努力於使判決緩和。由於培根的疾病及對他的同情，培根被送到倫敦塔的日期，延期至五月末。監禁數日之後，六月四日便因國王的命令，解除了監禁。

「也是時代的罪」

培根在國會再度召開之前，將想和詹姆斯一世會見的傳達書寫在筆記裡，其內容如下：

「法官因被推測收賄而問罪時，可區分為三種情形。第一是事件訴訟時，因為扭曲公正而約定有關報償的協定、契約。第二，法官對於當事者的申訴認定訴訟結束，理當該做的那點疏忽了檢討、考慮。第三是訴訟實際結束時，毫不掩飾、事先也沒有任何約束就接受賄賂。」將這幾點加以反省培根又說：「關於第一，我以良心發誓自己是無罪的。關於第二，某次事件我也許有缺陷。關於第三，我不認為是有罪，但請教好好教導我。」

培根確實沒有因為贈物而扭曲了法律。雖然有收賄的告發，不過，對於培根的判決並沒有不法的問罪，判決並未被推翻。但是，透過他的佣人依照慣例接受報償，先前認為訴訟已經結束忽略確認的情形，是有過幾次。即使是有贈物意志的人，也不會表明意志而贈送賄賂，因為忽略了這點而變成接受贈賄的結果。這種缺陷，起因於負有龐大判決案件及過度疲勞。

培根在其《論說文集》中「關於命運」的論述這樣說：「人的命運大部份都起因於人本身。」

培根本身有嚴重的缺陷，他喜歡豪華的生活，有許多佣人，為支龐大的支出不得不四處借款，對於金錢、贈物的收受非常隨便，並且沒有充分監督手下，對別人——大概他自己也是——都是寬容以待，很單純地信任對方，過份配合別人的心情，或者借助別人，有依賴的傾向。

關於裁判，意味著因為收受贈物，明顯地看出培根的缺陷。但這是培根當時所有公職者所可能冒的危險。當時，大法官並不是國家獲得俸給的公職服務者。作為王室的顧問官，只是支付名義上的酬勞而已。根本沒有由國家所支給的王室費，國王、主教、法官及其他一切的公職者，都是宮廷的公職者，以手續費為主要收入。而這造成了許多亂用的危險習慣。

某次，詹姆斯一世接見義大利大使說道：「如果我學習你的國家禁止收賄的話，我手下的任何一個大臣就怕不能留下吧。」法官獲得薪給的正常途徑，是訴訟結束時當事者支付給法官的手續費，但是訴訟中的手續費被認為是賄賂。雖然因不注意而獲罪，培根也承認了，但是，他並沒有扭曲法律。

因此，從倫敦塔寫給白金漢的信末他寫著：「自從父親尼古拉斯以來，一共換了五位大法官，但我是其中最公正的法官。」培根所犯的罪，也如他所說：「是個人的罪同時也是時代的罪。」培根不認為這種支付薪給的方法是合理的，因此，他又附帶寫了一句：「對我的宣告正是為了適當的改革。」

對於培根的性格及行動，因人而有完全不同的評價。培根固然有弱點也有缺點，但任何的評價大概都不會比拉塞爾的批評更糟糕：「他並不是像湯瑪斯‧莫亞那麼有卓越道德的人，但是，也並非特別不道德的人，在道德上是屬於平均的人，比同時代的絕大多數人，既不比他們好，也不比他們壞。」

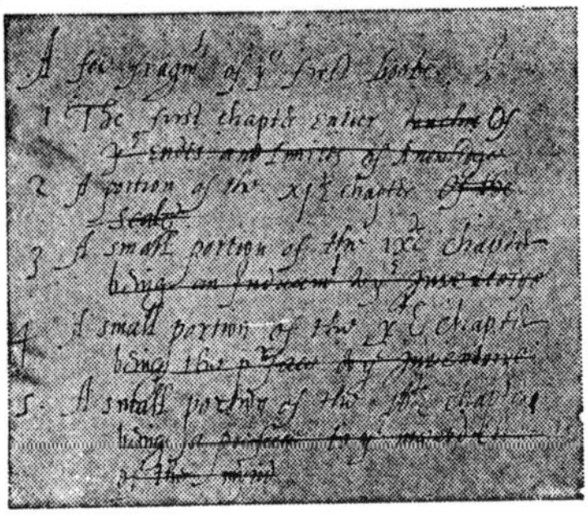

培根的筆跡

晚年的培根

一六二一年六月四日，從倫敦塔獲得釋放的當日，培根對國王表示感謝的同時，也懇求能繼續為國王服務。但是，從此他再也沒有恢復公職。

一六二二年，伊頓學校宿舍長官出缺，他對此職位表示了意願，但沒有實現。由於詹姆斯一世的好意，將四萬英鎊的罰金指名交給培根的朋友，可以顯示出國王並未嚴格徵收。之後再減少為一年一千二百英鎊。培根請求能停留在約克府直到七月，但並未被准許，於是隱退到肯拉貝利，翌年回到葛萊會法學院一間老舊的房屋，屢次向國王、白金漢及上院請願的結果，一六二二年的夏天，被批准居住於倫敦。

一六二五的春天，詹姆斯一世駕崩，由查爾斯一世繼任王位，培根也受召集參加國王的第一國會。但是，培根以「自己不需要這樣的虛榮」的理由予以拒絕。

培根豐富的創造力，在他生命最後的五年間結出了果實。被釋放後的四個月所寫的《亨利七世的統治史》，於一六二二年的春天出版。翌年，開始寫作《亨利八世的統治史》，並完成著作。一六二二年的十一月，寫作《作為哲學基礎的自然史及實驗史》、《宇宙的現象》。一六二三年，受到年輕的哈貝德的援助，增補了《學問的前進》及完成《學問的威嚴及壯大》的拉丁文譯本。一六二四年開始寫作著作計劃的第三部《資料的森林》，以及未完成的《新亞德蘭迪斯》。一六二五年完成《論說文集》的最後版本。培根於一六二六離開人世，在此之前他一直埋首於《資料的森林》的增補。

一六二六年三月末，培根和醫師溫塞霍恩同行，向著哈科特前進，大地被雪所掩蓋。當時，他正關心熱及寒冷的問題，他被實驗寒冷是否能防止腐敗的欲求所驅使，走下馬車，從附近的家庭買了一隻母雞，去除內臟，將所收集的雪填入雞內。

此時，他突然被寒氣襲擊病倒了，無法回到葛萊公會法學院，將自己虛弱的身體依靠在艾爾迪兒伯爵家，有一度曾書寫拜訪未遇的答謝函，逐漸康復起來。

一六二六年四月九日復活節的早晨，在外甥的臂彎裡斷了氣。依照他一向的希望，被埋葬於聖歐爾巴斯聖馬伊科爾寺院母親墓地的附近。

第三章　培根的著作及思想

目標向著學問的改革

新學問的設計

培根在他的主要著作之一《新工具》中，對於自己本身的敘述如下：「我在我那時代的人們中，最忙碌於國事，並且身體不太強健（因而許多時間都浪費掉了）。」從他的經歷我們可以知道，培根是個公務繁忙的人，無法為了著作留下寧靜的餘暇。但是，他偷閒寫下三十多篇有關哲學的著作，他在官職上的巔峰時期，也是他著作上的巔峰時期。

培根為了自己在學問上的計劃能夠充分成熟，但他的時間只有少許的零碎時間，因此，在他的生涯中重複同一主題的著作頗多。而且，他所抱持的理念只有部份得以發展。他無法期望能全體很有體系地完成著作，除了少數的例外之外，大部份都是未完成的狀況。

這種狀況，除了因為時間上沒有餘裕之外，另一半原因則是培根學問計劃的性質。因為，培根的計劃並非個人所能完成，是需要許多人經過數代的協力合作才能實現的龐大計劃。他為重建新時代學問的建築物，畫出出發圖及設計圖。而培根的著作，本來具有藍圖、計劃書、基本方針的性質。

學問上的野心

培根少年時代在劍橋大學求學時，對於亞里斯多德哲學的方針的非生產性感到厭惡。後來學問（尤其是方法的革新）便成為培根終生的課題。

他的改革計劃正如前面所敘述的，一五九二年左右他三十一歲時，從葛萊公會法學院寫給姨父博萊伯爵的信中已經有所暗示。在這封信中，培根首先將古代希臘哲學及鍊金術士、魔術家、機械性實驗家稱為兩種海盜，以將這些海盜一掃而空作為學問上的抱負。

同樣的旨趣，也在一五九二年所寫的題為《知識的讚賞》的假面劇劇本中敘及，在這劇本中將希臘哲學比喻為「大聲呼叫的狂人」，將鍊金術士比喻為「竊竊私語的狂人」而加以非難。最後並作以下的結尾：「因此毫無疑問的，人類的支配權隱藏於知識之中，在其中有許多東西被保存下來。那是國王用財寶也無法購得的東西，也是用權力無法命令的東西。他們的諜報者、報導者也不能提供有關知識的情報。他們的航海者、發現者也不能達到知識成長的地方。現在意見上我們是支配了自然，但有必要時又成為自然的奴隸。如果我們一再發明被自然引導的話，行動上大概就可以控制自然了。」

培根的企圖是改革一切的學問，但是，特別致力於自然哲學的改革。根據自然哲學及其研究方法的大改革，為人類帶來了有益的發明及發現，以提高人類的福祉為目的。

培根在《新工具》第一卷的結尾，敘述了人類的三種野心：「談到人類的三種野心，將其等級加以區分也不會脫離標的吧。其中第一種是，想要將自己本身的勢力拓展到祖國的野心，這樣的人是卑俗而下等的。第二種是，為了祖國的支配權拓展到人類而努力的野心。這樣的人，在品位上勝過第一種，但貪婪之點並沒有兩樣，但如果是為了建立、擴大人類全體對宇宙全體的權力及支配權而努力的話，這樣的人的野心（如果這可以稱為野心的話），毫無疑問比其他種類的野心健全而高貴。」培根的野心是經過學問的改革，想要確立人類對宇宙的支配權擴大，也就是這第三種高貴的野心。

哲學著作一覽表

培根的著作，在文學、哲學、職業（法律）等各領域都有，這裡列舉哲學的著作。

《大革新》以前的著作：

1. 時代最偉大的誕生（一五八五年左右，現存）
2. 知識的讚賞（一五九二年）
3. 葛萊公會法學院的態度（一五九四年）
4. 自然解釋的序論（一六〇三年）
5. 威雷里溫・達爾密斯（一六〇三年）
6. 時代勇敢的產兒——或自然解釋三卷（一六〇三年）
7. 有關物體性質的考察（一六〇四年）
8. 有關人類知識的考察（一六〇四年）
9. 學問的前進（一六〇五年）
10. 概略及議論（一六〇七年）

11. 迷宮之繩，或探究的規則（一六〇七年左右）
12. 思索及結論（一六〇七年左右）
13. 知性的階段（一六〇七年以後）
14. 先驅者（一六〇七年以後）
15. 諸哲學的反駁（一六〇八年）
16. 迷宮之繩，或運動的法則（一六〇八年以後）
17. 熱氣及寒冷法則的研究（一六〇八年以後）
18. 音響及聽取的森林（一六〇八年以後）
19. 古代人的智慧（一六〇九年）
20. 知識地球儀的區分（一六一二年）
21. 天體的理論（一六一二年）
22. 漲潮及退潮（一六一六年以前）
23. 自然的解釋（一六〇八年至一六二〇之間）
24. 金言及勸告（同右）
25. 大革新（一六二〇年）

26. 新工具（一六二〇年）
27. 對自然史及實驗史安息日的前夕（一六二〇年）

《大革新》以後的著作：

28. 作為哲學的基礎的自然史及實驗史，或宇宙的諸現象（一六二二年）
29. 學問的威嚴及壯大（一六二三年）
30. 資料的森林（一六二四年）
31. 天然磁石的研究
32. 自然的奧祕
33. 有關光與明的研究綱領

未被實行的著作計劃

一六二〇年的《大革新》一書，序文接著便是「著作的計劃」，培根表示了六個部門的著作計劃，那便是(1)科學的分類，(2)新工具或關於自然解釋的指導，(3)宇宙的現象或作為哲學基礎的自然史及實驗史，(4)智力的階段，(5)先驅者或新哲學的先鋒，(6)新哲學或能動的科學。

第一部門的「學問的分類」，是表示「人類現在所有的學問的摘要，或是一般性的記述」。屬於此部門的著作，有一六〇五年的《學問的前進》，和其拉丁文譯本（省略了一部份，增補許多內容）。一六二三年的《學問的威嚴及壯大》也是。

第二部門是敘述為了研究自然加以征服，理性的正確使用及對它的援助，是新的邏輯學。培根將此稱為「自然的解釋」。屬於此部門的著作，有《新工具》一書。《大革新》的大部份便被二卷的《新工具》所占據，《大革命》就像是《新工具》的序論。著作的4、5、6、10、12、23、24等是和此部門相關的著作。

第三部門是遵循新邏輯學，適用於人類的智力，為了從中引導出知識而提供材料，一切種類的經驗，收集自然的事實。屬於此部門的著作是16、17、18、27、28、30、31、32、33。

第四部門是有關自然研究的正確方法，對於被收集於第三部門的事實，以實例表示如何適用的方法。讓以後的人們更容易作為研究的指引，著作的13便屬於此部門。

第五部門是在完成自然研究的方法之前，在某種條件之下，以普通的方式適用於自然的事實，表示發現及證明的東西。這表示從古老的方法過渡的新方法，不久成為根據新方法的發現先驅，成為先鋒。著作的14、21、22便屬於此部門。

第六部門是對培根所提案的正確探究的方法，能夠引用並加以完成的哲學。關於此部門，培根敘述如下：「將最後的部門完成而獲得結尾，是我能力所不及的，同時也超出了我的期望。我把它看作一個開端，人類的命運會為它帶來果實吧。」因為這緣故，屬於此部門的著作並沒有寫出來。

以上便是在《大革新》中所表示的培根著作計劃的六個部門。他的計劃大部份沒有付諸實行，被實行的一部份也都是未完成的部份。

學問的擁護及分類——《學問的前進》

「將所有的知識作為領域」

一六〇三年，伊麗莎白女王駕崩，從蘇格蘭迎接了詹姆斯一世，由於新國王是艾塞克斯伯爵的友人，培根因此感到被國王冷落的不安。甚至想放棄公職的希望，專心於搖筆桿的生活。同時，培根對新國王也抱有新的希望。那是因為，詹姆斯一世愛好學問，本身也有著作，國王在學問上的才能早已普受肯定，再者，他希望能借助國王的援助實現學問上的大計劃。

此時，培根除了一五九七年的《論說文集》之外，沒有公開出版的著作。於是，迅速整理了以往所懷抱的龐大學問的企劃。《學問的前進》便是其中的著作之一。但是，第一卷是在比較有空閒的一六〇三年夏天所完成的。一六〇四年，身為國會議員的公務非常忙碌，從那年的年末到一六〇五年的秋天，僅僅得一點空閒的時間，迅速整理第二卷。第二卷相當於本論，但是，以不完整的形式公開出版。這本著作在一五九二年姨父塞西爾的題贈上寫著：「我將所有的知識作為自己的領域。」這並非只是一句豪語，培根也充分證明他做到了。並且培根以自由思想家、百科全書主義者的面貌呈現出來，羅素給予評價說，這是培根最重要的著作，在許多方面很明顯合乎現代。

英文版法文版

《學問的前進》是用英文寫作，英國人用英文寫作在今日被認為是理所當然的事。但培根當時，學術書籍用拉丁文寫作才是常例。因此，用英文寫作《學問的前進》，在當時是個異例，劃時代的事情。羅素對這點發表了看法：「英文第一次變成哲學性著作的傳達手段。」培根並不是為了讓一般人士閱讀才用日常用語英文寫作，但結果反而有助於一般人士學問的普及。

《學問的前進》並非直接作為著作計劃的第一部門而寫，在其刊行十八年之後，培根加以整理翻譯成拉丁文，滿足其著作計劃的第一部門，這便是《學問的威嚴及壯大》一書。將此書翻譯成拉丁文，是因為用拉丁文寫作是當時學術上的慣例，他認為將來會長久持續下去，希望自己的著作能長久保存於學術界。

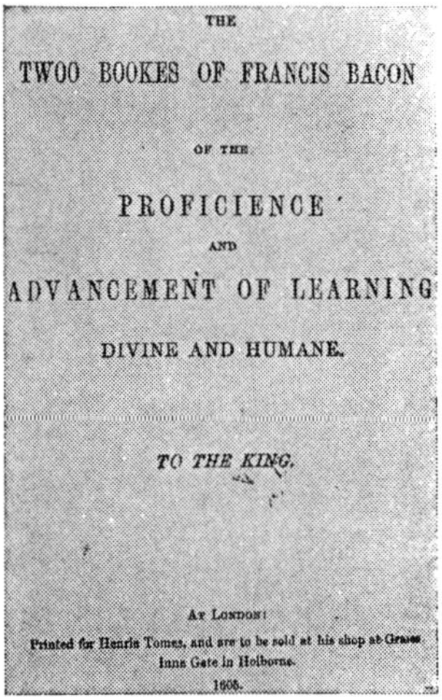
THE
TWOO BOOKES OF FRANCIS BACON
OF THE
PROFICIENCE
AND
ADVANCEMENT OF LEARNING
DIVINE AND HUMANE.
TO THE KING.
AT LONDON:
Printed for Henrie Tomes, and are to be sold at his shop at Graies Inns Gate in Holborne.
1605.

《學問的前進》初版的封面

將《學問的威嚴及壯大》中，以及《學問的前進》的第一卷，大約依樣翻譯，但數處被削除了。而被削除的大部份，包括對羅馬教會的攻擊。《學問的前進》的第二卷，是從《學問的前進》的第二卷至第九卷結束，被擴充而詳細地敘述，但和第一卷的情形有相同的考慮，也有削除、縮減的部份。下面一節即是根據兩本著作來敘述培根計劃的第一部門。

三種疾病

《學問的前進》的第一卷是討論「學問及知識的偉大，以及使其增進和普及的功績、真正榮譽的卓越性」。首先對學問從政治家、神學者所受到的非難、中傷，以及學者自己本身為原因，區分為三種，加以檢討、反駁，接著積極地讚揚學問的價值。在這裡列舉出學者本身導因的非難。

學者本身導因的對於學問的非難，培根將其區分為學者的貧困生活、學者的習性、學者研究的性質等三種。學者研究的性質引起的原因是，學問所看見的三種主要「虛無」及「學問的疾病」。第一是空想的學問，第二是論爭的學問，最後是玄學的學問。

他說：「空洞的想像、空洞的論爭、空洞的虛飾」。所謂玄學的學問是：「比事物更探究事物，想要對美好的字句、文章的洗鍊、文章各節的節奏、語言的命脈及比喻，想要給予作品變化及光明。」這種疾病的重症例子，可以從專心於攻擊經驗哲學的宗教改革家的活動發現。

而所謂論爭的學問，可以從經驗哲學學者身上看見，對細微的區別及無益的問題，一直固執地爭論，這種為自己的事情爭論的人，「無聊的事比無聊的話更不好」。空想的學問的疾病比以往的疾病更惡質。於是，看了這樣作學問的人，認為學問是「悠閒老人的話」。

空想的學問更惡質，它會破壞認識的本性及生命。這種疾病是由於單純及狡猾所產生的詐偽及輕信，但實際上很容易併發，輕易相信此風聲的人，很容易擴散此風聲。這種對沒有根據的風聲輕易相信的疾病，依照所相信的對象，分為各式各樣。對歷史輕信的疾病，對奇蹟、遺跡的傳聞輕信的疾病，可以從承認並記錄傳聞的教會歷史看見。對技術、學說輕信的疾病，可以從占星術、自然魔術、鍊金術上看見。因此，這些都成為「比理性更和想像的學問」。

另外，過度相信學問的創始者，對他絕對服從，也是一種輕信的疾病。即因為這種疾病的緣故，學問最初是活生生的東西，但隨著時代退化下去。亞里斯多德、柏拉圖、達謨克里特及其他的學派，都可以看出這種疾病。

不健康的學問

關於學問的疾病，上面所敘述的是學問本質上的錯誤。培根認為雖稱不上「疾病」那麼嚴重，但以「不健康的狀態」為名，添加了幾個學問上的錯誤。

第一，是對古老的事物及新奇的事物極端偏愛，尚古主義者和喜新主義者便屬於此類。尚古主義者煩惱新的事物加入，喜新主義者則永遠不知滿足，非將古老的事物消滅不可。

第二，便是過早勉強將知識整理為技術及方法的錯誤，學問的進步因而受到阻礙。

第三，是對人類的精神及知性過度尊敬，以及一種崇拜心理所引起的錯誤。因為這種錯誤的緣故，人類脫離了對自然的考察及經驗的觀察，在自己本身的理性及獨斷中轉動著。

第四，是一懷疑時便感到焦慮，想要迅速斷定的錯誤，因此，往往在時間尚未充分成熟時作下判斷。

第五，是傳遞知識的方法的錯誤，也就是採取不准任何人有異議的做法，不給接受的人充分探討的餘裕。

最後是最大的錯誤，也就是看錯知識的最終目標。那是因為人類追求學問及知識，有時是由於自然的好奇心及探求慾，有時則由於變化能帶來內心的喜悅。

另外，為了裝飾名聲或是為了在智慧及論爭上勝過對方。又或者為了獲得賺錢及生活的基礎。於是，為了避免「從神所賦予的理性，能有助於人類的利益，誠實而真實地使用的情形非常稀少」的錯誤，「思索及行動必須比以往更密切、更直接地結合才行。」

以上便是培根對於學問的錯誤所作的批判，這種批判在他其他的著作中曾重複提出。這當然是對既存的學問、學者研究的錯誤，以及他們先入為主、方法上的錯誤等等，非難、指摘對學問的發展形成阻礙的弊端，以讓學問恢復正確的態度為目的。也就是說，為了顯正而採取相當於破邪的方法。

學問的宣揚

認定對學問的非難、中傷之後，便進入積極宣揚學問及知識的價值的階段。培根首先列舉了智慧及學問透過聖經的解釋在教會史上如何被尊重。並且，他以神的證據作結尾：「哲學及人類的學問，是為了增添信仰及宗教的光彩，除了擔任說明的角色之外，還負有兩項義務及服務的任務，其中之一是，學問是提高神的榮光的有效手段……。另一項則是，學問對拯救、防止不信仰及錯誤，具有無與倫比的效用。」

接著，對於知識價值的人為證據，敘述了學問對政治、軍事、道德之德、權力及威令、幸運、快樂、不死等具有效能。對於道德之德的效能，在於對學問熱心地研究，會想出所有疑問及困難。

另外，從比較、考慮，檢討事務兩面的道理然後經過吟味，這樣就無法被人接受。培養這種精神上的習慣，是大大的錯誤。這樣的學問研究法，便是去除輕率、無目的及傲慢，然後最後對於人類本性最熱望的不死或永恒是多麼美好，用以下的方法討論，將《學問的前進》的第一卷作為結尾。

也就是說，智力及知識的紀念碑比權力或技術的紀念碑更有永續性。荷馬的詩句，一字一句都未遺失，繼續存在了二千五百年以上。智力及知識的種子不斷地生長出來，播種便能傳遞給以後的時代。「學問就像船隻一樣，渡過時間這廣大的海洋，抵達遠遠相隔的時代，陸續將知識、智慧及發明分享給未來的人。」

分類的基本原理

第二卷相當於本論，為了學問的壯大，敘述一向所做事情的缺陷，透過它，展開培根學問大改革的企劃。

首先，培根學問的分類，是根據真理的性質，以及作學問的人的知識能力而區分。

真理有因為神的啟示而獲得者，也有因為人的智力而獲得的，分為二種。前者的學問是啟示神學，後者的學問則是廣義的哲學，包括所有人所作的學問在內。

依照人的知識能力而區分的分類，適用於廣義的哲學的分類，人的知識能力

學問的基本分類

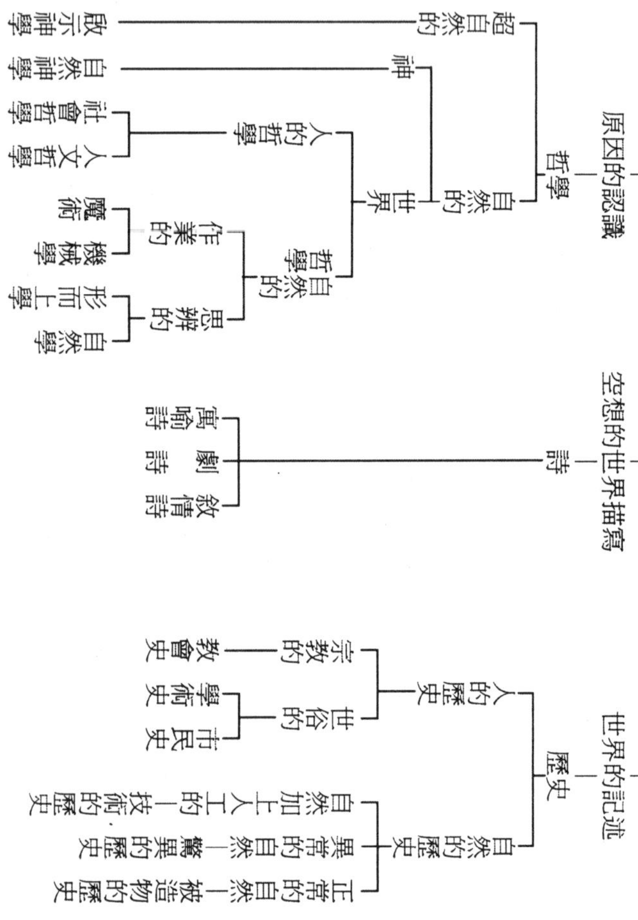
記憶
世界的記述
歷史
自然的歷史
正常的自然—被造物的歷史
異常的自然—驚異的歷史
自然加上人工的—技術的歷史
人的歷史
世俗的
市民史
學術史
宗教的
教會史
想像
空想的世界描寫
詩
敘情詩
劇詩
寓喻詩
理性
原因的認識
哲學
自然的世界
自然哲學
思辨的
自然形而上學
作業的
機械學
魔術
人的哲學
人文哲學
社會哲學
神
自然神學
超自然的
啟示神學

的三種區分，便是依據記憶、想像力、理性而區分的歷史、詩、哲學三種。

我們接觸世界的最先端是感覺。根據感覺的知覺及經驗，以本來的面貌被記憶、保存、成立了歷史。記憶所保存的經驗，接著傳遞給想像力及幻想力，描繪情緒上、空想的世界，成立了詩。最後，以合乎法則的方式說明經驗，便是理性的工作，成立了哲學，這種區分知識能力為三種的學問三大部門的分類法，是非常完整的，沒有其他的分類可取代。

至於根據人的知識能力所區分的學問三大部門，也可應用於啟示神學，啟示神學是包括預言的教會歷史及神的詩句中比喻、教義、教訓等三大部門。

歷史的四種區分

培根的歷史，是以人的經驗所收集、記憶所保存作為全體宇宙現象的描寫，比今日的歷史概念更為廣泛，可以說具有「世界誌」的性質。

因為宇宙是由自然世界及人類世界所組成，因此，歷史首先被分類為自然的歷史（自然史）及市民的歷史（市民史）。自然史處理自然的事實及作用，市民史則處理人類的行為及功績。更進一層地說，也可以包括市民史，但從重要性來看，宗教史能使教會史及學術史獨立。

如此一來，歷史便分為自然史、市民史、教會史、學術史等四種。自然史又依據自然的狀態區分為分三種，也就是處理正常狀態的自然的被造物的歷史、處理異常自然的驚異的歷史，加上人工改變自然的技術的歷史等。

被造物的歷史在《學問的威嚴及壯大》中，又區分為五種：(1)天體的歷史，(2)流星及大氣界的歷史，(3)大地及大海的歷史，(4)火、空氣、土、水的性質及運動、作用、影響的記述，(5)動物、植物的記錄。

驚異的歷史，是正確收集自然的不規則變化，只有事實的確有明白的證據，不論魔術、妖術、夢、占卜等迷信的傳說都包括在內。驚異的歷史的意義是(1)對一般性的事例所成立的學說及公理糾正其偏向，(2)由自然的驚異出發，誘發學術的驚異。

技術的歷史，除了和農業及手工業有關的技術之外，又加上一向所缺乏的種種實驗記錄。技術的歷史在三種自然史中，對自然哲學來說是最根本、基本的東西，其重要性一再被強調。原因之一是，將技術和技術加以結合，以巧妙的方法提供許多暗示。更重要的理由則是，對於原因及基本命題，真實會給予我們真正的知識。那是因為，讓人憤怒才能知道他的氣質，自然的過程及變化也是一樣，與其讓自然自由，不如以技術讓它痛苦、煩惱，這樣更瞭解它。

市民的歷史，就像肖像及雕像被分類為未完成、完成、污損等三種一樣，也區分為備忘錄的歷史、完成的歷史、古代遺文等三種。

備忘錄又分為⑴將一連串的行動及事件一一照實記載下來的記事，⑵收集公共行事的記錄兩種。

古代遺文就像「遇難船的木板」一樣，將紀念物、名稱、諺語、語言、傳說等從時代的洪水拯救出來。

完成的歷史依據其所描寫的對象分為三種，也就是依對象是時代、人物或行動，分為時代史、傳記、故事及傳說。其中，「時代史是最完整無缺的歷史，被賦予最高評價的榮譽。」然而，傳記在利益及效用上，故事在真實及誠實上比較優異。

時代史又分為古代史、希臘至羅馬之間的歷史，以及以後的歷史。時代史除了上述之外，又分為年代誌及日誌，記述世界的王國及共和國、人民行動的普遍史，記述特定的王國、共和國、人民行動的特殊史。

學術的歷史，是指依照時代順序來敘述，說明學問的一般狀態。也就是說，對於各種知識的古老遺物及原型，包括學派、創意研究、傳達、運用及活用、繁榮、論爭、衰退、不振、忘卻、移動在內，將這些原因及誘因，和其時代所有學問有關的一切事件記述下來。

像這種學術史的效用及目的，若能活用、運用學問，就會使學者更加聰明。以往缺乏這種學術的歷史，因而，「世界的歷史像沒有眼睛的荷里夫莫斯像般，缺乏最能表現人的精神及性格的部份。」

教會的歷史，分為兩種，一種是和市民史相同的區分，即教會的時代史、教父的傳記、教會會議及其他有關的事件及故事。另一種是，依據各教會的性質區分為狹義的教會歷史（被迫害、移動，直到和平時的教會歷史）、預言的歷史、信仰的歷史等三種。

根據培根的說法：「歷史和經驗是同一種東西。」歷史是以記錄的手段收集經驗的一種學問，也是人類對自然所設立的經驗貯藏庫。必須具備將知識的源泉提供給哲學的目的。自然史被認為是「自然哲學的乳母」，尤其著重於技術史，這也是因為它有助於自然研究的緣故。對學術史的尊重也是一樣，因為它對諸學問的研究非常有用。一般而言，歷史作為哲學研究的資料頗具價值，因此，為了能適合研究的目的，必須經過一番編輯、記述才行。

其結果，作為歷史的科學獨自的價值被抹殺了也不容否認，但是，培根對歷史動向的洞察很敏銳，而且對人種歷史的進步具有確信。他認為他那個時代是「這個時代還必須前進（plus ultra）」，認為是長足的進步開始的重要時代。而歷史進步的動力，是學術的發達，以及科學的發明、發現。因此，缺乏學術史、世界史，就像缺乏最能表現人的精神的部份。

作為假作的歷史的詩

詩，依據考慮語言或素材，具有兩種意義。第一種意義，詩是表現型態的一種，是語言的技巧問題，而技巧問題正是重點所在。第二種意義，認為詩是假作的歷史，無論和韻文或散文，都和表現型態無關，而是作為學問的一個部門。

事實上，歷史的行為及事件並沒有使人類精神獲得滿足的偉大之處，詩利用想像力，能創造更偉大、更英雄式的行為及事件。

真正的歷史，無論行動的成敗及結果都不用因果報應的道理來敘述，因此，詩合乎公正的報應，為了能和神的信仰一致而假作。

像這樣，詩會依照人們靈魂的要求，能看出比事物本性更深入一層的偉大、正確的善、完全的多樣性。像這樣，將經驗的事實依樣描寫出來的真實歷史，相對地，詩是包含人類精神的欲求，將這架空的事件及人物加以描寫，因此，是假作的歷史，而透過人類靈魂的欲求，詩有助於寬容、德性及娛樂，能振奮人類的精神。只有這種作為假作的歷史的詩，才是作為培根學問一大部門的詩。因此，作為文藝作品詩趣的有無是一大問題，寧可說，沒有詩趣的詩對培根來說才是有價值的詩。

詩因為是假作的歷史，和歷史的區分一樣，可以區分為假作的歷史、假作的傳記、假作的故事等三種。

但是，從詩的特色來看，也可區分為敘事詩、象徵詩、比喻詩。

敘事詩只不過是模倣歷史而已，但含有超出現實的部份，而其主題通常是戰爭及愛情，因此，從內容上可以稱為英雄詩。

象徵詩是親眼目睹歷史般的作品，真正的歷史是和發生時一樣的行動映像，但象徵詩就像出現眼前般呈現出來的映像。因此，也可以稱為劇詩，是相對於現實世界的劇場，對風紀及弊風有極深的影響。

比喻詩或寓喻詩，是為了表現某種特別的意圖而使用的故事。伊索寓言、七賢人箴言、象形文字等，都是古代經常使用的寓喻的智慧。它的理由，現在看來雖是極其普通的，但古代的人心並非能那麼敏銳地理解，也缺乏實例，使用和比喻詩類似或實例的方法，創作讓當時人們感覺非常親近的作品。

正如剛才所敘述的，比喻詩並非以明顯表現出教授及論述的內容為目的，相反地，它是以寓言故事來概括宗教、政治及哲學的奧義，要隱瞞某種意圖時，也使用這種形式。

詩在表現感情、情意、墮落及風俗習慣上，勝過哲學的著作，在機智及雄辯上，更不輸演說家的口才，培根一向這樣認定。

哲學的區分及第一哲學

哲學是以理性為基礎的最高學問，也是以記憶為基礎的歷史，和經驗是相同的東西，將各個事項依照印象加以保存、再現，提供理性判斷的資料。以想像力為基礎的詩，不受自然或任何事物的法則所拘束，依照心中的好惡加以結合或分離。在詩中，精神完全脫離了事物，所以說「詩是想像力的娛樂」、「詩是學問的夢」。

哲學不像詩那樣和假象的世界有密切關係，它和歷史相同，精神會和事物結合，但不像歷史那樣和各個事物有關。「哲學捨棄了個體，和來自個體的直接印象無關，和這些印象所引出的抽象觀念有關。」而且，「哲學將這些種種觀念依照自然及事實的法則加以組織、分類。」

如上所述，哲學和事物的法則及原因有關，因為要加以探究它，從真正的意義來說，「哲學和科學是相同的東西」。

至於「在哲學中，人的思索會前進到神，或者繞回自然，或者回顧人本身，或者加以回想。」哲學因對象區分為有關神的哲學、有關自然的哲學、有關人的哲學等三種。

誠如上述，哲學被區分為三個部門，除了現在所區分的部門之外，還有稱為「第一哲學」的特別部門。這是相當於道路分歧之前共通的本道的普遍性學問。本來，知識的諸部門是不能完全分離的。那是因為，「知識的區分及區劃，是各別的線在一個角上相交，因此，並非在一點相交；而是像一棵樹木的樹枝一般，小枝在樹幹處相交，但樹幹從此處伸出手臂的大枝，在分歧之前，具有累積起來的量。」

第一哲學是，探究事物的量、類似、差異、可能性，而非事物的本質這外在的性質。並且研究事物共通的性質，或普通概念的本質及作用。

譬如以量來說，自然界的各種物質（譬如鐵）非常多，各種事物（譬如黃金）則極其少。探究這種量的差異的理由，便是所謂的第一哲學。除此之外，並非只屬於某個特別部門，共通於一般性諸學問的高度意見及一般命題，也屬於第一哲學。

舉例來說，不相等的東西加上相等的東西時，其總和不相等的規則，是數學及正義的一般命題。感覺的諸器官是反射的諸器官，譬如眼睛和鏡子是相同的東西，耳朵和洞穴是同一種類的東西。像這樣處理共通的諸學問的事項，因此，第一哲學是一切學問的父祖，被置於最前面的位置。

神的哲學及自然的哲學

有關神的哲學，是由人類的思想獲得的有關神的知識。它的對象和神有關，但知識的源泉是自然的，因此，和源自啟示的神學有所區別，被稱為自然神學。自然神學由自然例證出神的全能及智慧。在推翻無神論上是非常充分足夠的，但若要更進一層將理性推至神的真理，使人信仰，卻是束手無策。

自然哲學區分為思辯的部門及作業的部門，或者理論的知識及實踐的知識。前者為探求原因的部門，後者則是由指示原因的知識而產生效果的部門。

思辯的自然哲學，又可區分為自然學及形而上學。但是，形而上學這名稱的用法及意義和以往不同。自然學是考察質料內在的變化，形而上學則是從質料拿開變化的因素加以考察。如果依照一般公認的原因分類的話，自然學是處理質料因及作用因，形而上學則是處理形式因及目的因。

自然學是研究事物變化、不固定的相對性原因。譬如，火相對於陶土來說，它是堅硬性的原因，而相對於蠟而言，它又是溶化的原因。因此，自然學是以變化無常的物質作為自己的對象，它是以自然的存在、運動、必然性為前提。培根認為自然學的研究對象包括三個方面：一是事物的構造及形狀，二是事物的原則及起源，三是事物的各種變化及特質。

形而上學則是以自然的意向及目的為前提，以抽象的、固定的事物作為自己的對象，論證事物恒常、確定的原因。研究事物普遍的形式，特別是那些為數不多，但卻構成一切具體物體的特性、規定性的基礎及本質的形式，是形而上學的重要內容。

「用同一種火，陶土會硬化，蠟則會溶解。」火具有會使陶土硬化，又會使蠟溶解的質料因。製作陶土時，為了溶解蠟及油脂而加熱的過程是作用因。使陶土硬化、溶解蠟的原因，內在於火這種物質。但火對一切的東西，並非經常都是硬化或軟化的原因，因此，它是會變化的相對性原因，這些便是自然學所要探究的原因。

關於這個論點，發現了適用於培根的歸納法，譬如，「熱是膨脹性的、被抑制的，互相衝突的物體小粒子的運動。」這便是熱的形式因。如果具備了這樣的條件，不管任何東西都能產生熱，所以，形式因並不限於特定的物體。因此，「從質料引開不會變化」的原因，又譬如「睫毛是為了保護視力而存在」的說法，保護視力是睫毛的目的因，但目的因只是表示意圖，不會左右自然界的結果，所以，是將它從質料剔除的原因。這兩個原因，便是形而上學所處理的原因。

自然學更進一步地可區分為有關諸物原質的部門，有關諸物構造的部門、有關諸物多樣性及特殊性的部門三種。這三個部門，又可區分為探究天體及流星、大地、諸要素的質料因及作用因的具體自然學，以及有關物體的配置、物體的欲求及運動的抽象自然學。

形而上學的一大部門是數學，而數學的對象是量，但並非屬於第一哲學相對性的不定量，它是定量或比例性的量。而一定量在本性上，會成為許多效果的原因，因此，被認為是事物的本質性形式之一。所以，數學是形而上學上的一個部門，才合乎事物的本性。

數學區分為純粹哲學及混合數學。純粹數學又區分為幾何學及算術，混合數學是在自然哲學的某個一般命題或處理輔助性的定量，可以從光學、音樂、天文學、宇宙誌、建築學、機械學等學問找到例子。

作業的自然哲學，對應於自然史、自然學、形而上學等三個部門，區分為實驗的、哲學的、魔術的等三個部門。

許多作業因為偶然的結果或實驗而被發現。這是由於經驗而來，並非根據自然哲學而來。這些留在自然史的東西，便是實驗性的作業。自然學的原因，便是根據質料因及作用因的指導，便是哲學性的作業，是真正的機械學。形而上學的原因，便是應用形式因的知識的作業，也就是魔術的自然學或自然幻術。幻術這個名稱，並非感應或反駁這種迷信式的獨斷及觀察，那不過是愚蠢的實驗。它具有重建時代光榮的意義，指有極大自由的作業。

「知道形式的人，在於完全異質的質料也能掌握本性的合一。像這樣的人，對一向沒有做過的事情，或心思尚未想到的事情，都能發現出來並加以闡明。因此，從形式的發現才能產生真正思索及自由的作業。」

比方說，黃金有一定的重量、延展性，如果知道了金諸性質的形式，就有可能將它組合，合成黃金。也就是將幾粒藥投進去，比將水銀及其他物質變成金的魔術，更有可能性。

誠如前述，知識的諸部門，是由一個根幹所分出的樹枝，是相關聯的東西，它又像一座金字塔般。歷史是它的基礎，在自然的哲學中，基礎是自然史，下一個階段是自然學接近頂點的階段放置了形而上學。形而上學可說是探究自然最高法則的學問。

培根主張恢復古代使用的「自然幻術」這名稱。他認為，在古代幻術無非是「自然機智」、「自然的智慮明達」的含義，而無虛妄迷信的意思。

譬如，培根認為在波斯人身上，幻術一詞便是表示一種卓越的智慧和對事物普遍認同的知識。他認為自然幻術能產生奇妙的變化，是憑藉形式即規律而獲得的。因此，在培根的著作裡，我們不能將他所用的幻術一詞，和通常的幻術或魔術一詞混為一談。

培根所說的「自然幻術」，其實便是依據自然學關於物質外部產生作用的原因的知識，以及形而上學關於普遍形式的知識所建立的實用技術。

培根也提及了通常意義下的幻術，而且也說過不要完全排斥它們，他認為在那些奇怪的言論中，也許會隱藏著一些自然作用的知識。但總括來說，培根反對那些專憑想像及信仰所建立的幻術、點金術、星相術。培根認為，這些東西是「墮落的」、「荒謬的」。

原子論及運動

培根將形而上學及自然學組合歸入自然哲學之中，這便是唯物論式哲學的宣言。這種傾向在初期已很明確，後來逐漸緩和下來。一六〇三年的《時代勇敢的產兒》一書中，他不認為將哲學及自然學分離的蘇格拉底之前的哲學家很重要，其中尤其認為原子論達謨克里特是最深遠的哲學家。其理由是，達謨克里特排斥目的因，讓心從自然獲得解放，避色抽象性的形式，將具體性的物質作為一切事物及其活動的源泉。

一六○四年的《有關物體性質的考察》一書中，也認為達謨克里特是哲學上最有效的學說。也就是說，「沒有原子的假定，將被發現的事物自然而純粹的微妙，加以思索、掌握，用語言來表現，並不是容易的事情。」然而，一六○五年的《學問的前進》一書中，一點都沒有提及原子論的問題。原子比柏拉圖、蘇格拉底的起源的形式，更成為說明物質及宇宙的關鍵。

一六二○年《新工具》一書，正如將熱的形式認為是粒子的運動一樣的，認為形式的觀念含有原子運動的觀念。但是，原子的性質並未被視為重要的問題，反而是形式及運動的研究受到重視。而對於達謨克里斯比其他的哲學者更有一份尊重，但對於原子論都一律加以反對。也就是說，「我們不能向著原子論，原子論主張真空及物質的不可變性，因為這些都具有錯誤的假設的緣故。」

培根將自然所有的作用認定為運動的型態，不僅是物體及天體所謂的運動而已，動植物的成長、物質的腐敗等也都包括在內。在《有關物體性質的考察》一書中，培根認為「在所有東西中，最大而最有用的研究」便是運動的研究，但書中並未敘述有關運動的性質及種類。在《學問的前進》一書中，也沒有敘述有關運動的事情。

一六〇八年左右的《迷宮之繩或運動法則的研究》一書中，將運動的種類、強度、運動的結合及累積等有關運動的問題，列舉了應該研究的問題，但並未表示運動的法則。《新工具》的第二卷，作為其特殊事例的一部份，區分為二十種運動。看了這些分類，我們知道培根的運動概念不僅是物理性的運動而已，連感覺及隨意運動都包括在內。

不過，他在《新工具》及《學問的壯大》中，認為物理性的運動應該屬於自然學，而非屬於形而上學，和其他的自然學以外的部門區分開來。但是，培根對物理性運動本身，認為它不僅是機械性的、量的、事實的等東西而已，連物體的愛好、嫌惡、迴避、支配、休息等欲求，活生生的精氣所產生的東西，都包括在內，而且比運動更著重於形相的研究。

從這裡可以看出，初期的達謨克里斯傾向，到了後期鬆懈下來，變成接近柏拉圖、亞里斯多德傾向。

人文哲學

人類的哲學，是將人分離個別加以考察的部門，以及對團體在社會上的種種現象加以考察的部門。前者是個別性的人類學，或是稱為人文哲學。後者是集合性的人類學，或是稱為社會哲學、市民哲學。

人文哲學是由構成人類的身體及精神等相關部門所成立。但是，在加以區分之前，對於人性的一般性、設定全體性的考察部門。此部門是精神及身體之間的共感及符號的相關知識，它是混成的，因此，將限定於某一部門是不適當的。

希波克拉底

精神及身體聯合的知識，如何將一方暴露於另一方的本來面目，如何讓一方作用於另一方，有這兩個部門。從身體的外形，解明精神的性向的觀相術，是從精神的現象瞭解身體的狀態，一種夢的解釋。有關精神及身體互相影響的知識之一，是體液及身體的狀態如何改變精神，到何種程度，或者考察其作用。另一個則是反作用的研究，也就是精神的情意或關懷如何改變身體，到何種程度，或者考察其作用。

首先，有關人類身體的知識，依照健康、美、力、快樂等四種身體之善加以區分，這些便是醫術及治療術、被稱為美容的裝身術、被稱為鍛鍊的運動術，有教養作用被稱為娛樂的娛樂術。

醫術是最高貴的技術，但沒有仔細地研究，雖有研究，卻沒有進步的學問。其許多缺陷中，如果明白地列舉的話：

第一，從希波克拉底（Hippokrates）的模範斷絕，沒有疾病的詳細記錄。

第二，解剖學的研究不充分。尤其是許多解剖結果的比較解剖學付之闕如。

第三，將許多疾病的治療從本性上斷定為不治或已經太遲，荒廢了研究。

第四，除了健康的恢復之外，荒廢了醫師的職務，譬如對於痛苦的減輕，甚至安樂死的研究。

第五，為了治療的醫藥處方，脫離了傳統及經驗的成果，並非對各種疾病都很適切，而是隨心所欲地調配。

第六，對礦物藥劑的效能及其合成的研究不足，對溫泉及礦泉的效能利用的研究不充分。

第七，是最重大的缺陷，醫學的處方、處置沒有計劃性，太簡略只是隨便想到而已。

總之，醫學在疾病的性質、原因及治療手段的研究上，脫離了經驗及實驗，失去了自然研究的支柱。醫學之所以沒有進步，並非人類的精神不充分或沒有能力，而是遠遠地離開自然。就像在遠方看東西的感覺一樣，錯誤愈多，但如果愈接近就看得愈正確，理解力的情形也完全相同，矯正它的途徑，並非加強器官或刺激器官，而是接近對象。

醫學在《學問的威嚴及壯大》中，區分為維持健康、治療、延命術等三個部門。

美容術有禮儀的部份及柔弱的部份。運動之術，則以藉由鍛鍊身體獲得一切能力為目的。作為活動的能力，則有力量及敏捷兩種，忍耐的能力，是能忍受貧窮的能力、忍耐痛苦的能力。對於感覺性的快樂之術，缺乏抑制它的規則。培根認為，為了慰藉的遊戲，是社會生活及教育的一大問題。

接著是有關人類的精神，可區分為和精神的實體及本性有關的部門，以及和能力有關的部門。

培根和亞里斯多德一樣，認為人類的精神是由神性的理性精神、非理性精神或感覺性精神所形成。理性精神也就是靈魂的實體，是神創造人類時直接加諸人類的，所以不成為哲學的對象。感覺性精神是物質的實體，成為研究的對象。

精神的能力，分為悟性、理性、意志、慾望、感情、想像力、記憶等等。悟性及理性產生命題及判定，意志、慾望、感情則產生行動或實行，主要是有關邏輯學及倫理學的一些能力。培根對精神能力的區分並不明確，有關能力研究的敘述也很簡單。

有關精神能力各部門的附加研究，占卜及想像力對別人的身體產生作用，也就是兩種魅惑的研究。在《學問的莊嚴及壯大》中，更進一步地對隨意運動、感覺及感知的區別問題，加上光的形相的研究等三項。

隨意運動的論述，關於精神及身體的見解，培根敘述如下：

「感覺性精神因熱而變得稀薄，成為無形的物質，是由火焰及空氣所構成的物質。它像空氣般柔軟以承受印象，又像火般強烈傳遞活動。一部份是油性，一部份是水性的物質所培養，用身體覆蓋住，完全的動物，主要位於頭部，沿著神經走，因為動脈的淨化，血液變得清新而恢復健康。」

這些見解，是從義大利的塔雷茲奧學習而來，和笛卡兒對動物精氣的說明非常接近。

邏輯學

精神能力的學問的第一部門是邏輯學，是有關理性及悟性如何使用的學問。邏輯學是「一切其他事物的關鍵」、「技術的技術」。而依照工作的目的，區分為四個部份。也就是發現探究的事物及技術、判斷被發現的技術、保管判斷過的事物的技術，以及傳達被保管的事物的技術。

發現之術，一是技術及學問的發現，其他則是語言及論證的發現。前者比較重要，是真正意義的發現。技術及學問的發現，第一是能閱讀、能寫作的經驗。第二是自然的解釋。關於「能閱讀、能寫作的經驗」，在《新工具》及《學問的莊嚴及壯大》中，曾詳細敘述過。「自然的解釋」則在《新工具》中提及。

培根認為以往的邏輯學未考慮學問的發現，而且其發現方法的歸納法也是無效的，因此，他以重建邏輯之術成為發現之術，作為自己的課題。其有效的發現方法的邏輯學便是《新工具》一書。

新工具中認為，真正解明自然是可能的，所謂自然的解明，是指以適切的經驗及觀察為基礎的推理而言，但它必須將新工具再次充分檢討、完成才行。根據此的自然的解明，有必要具備豐富的自然史。然後其行動性的科學才成為可能，才能產生學問的發生。

另一方面，達到此地步的時候，學問也有所進展，為了人類的福祉，必須利用自然才行。然而，傳統性的方法是行不通的。剩下的方法是，根據多少有經驗的觀察及實驗的方法。

培根說：「人可以用三種方法前進道路。自己暗中摸索、自己一無所知被人牽引著、或是拿著燈火指示前進的道路。」既沒有指示也沒有順序，嘗試所有種類的實驗的人，和自己暗中摸索相同。實驗如果能使用指示及順序的話，則和被牽引沒有兩樣，《能閱讀、能寫作的經驗》，是第二種行走方法。

第三種方法中燈光本身是自然的解明，或是從新工具中獲得。「能閱讀、能寫作的經驗」並非由自然所產生被稱為偶然的經驗，而是有意圖的經驗。也就是根據實驗的方法，但這是新工具被完成前的暫定性方法。

根據新工具的自然解明，是「從成果及實驗引出原因及一般命題。更進一步地，從原因及一般命題引出新的成果及實驗。」「能讀書、能寫作的經驗」，是「從成果引出成果，從實驗引出實驗」，指既存經驗的種種應用而言。在《學問的威嚴及壯大》中，列舉了實驗的變化、反覆及擴張、轉移、轉換、強制、應用、結合、偶然等八種「能閱讀、能寫作的經驗」。

判斷之術，是處理證明及論證的問題，為了導出結論，必須根據歸納法或三段論法作判斷。根據歸納法所作的判斷，不管是正確的形式或錯誤的形式，都和發現一樣進行著精神活動。關於歸納法的正確形式，見於《新工具》一書的說明部份。

三段論法是以眾人所承認的原理為前提，透過媒辭（中概念）使命題歸結的論法，但媒辭的發現和結論的判斷這兩種精神活動是不同的。而此方法，有命題及前提直接一致的直接證明法，以及以命題矛盾為前提，認為矛盾而加以證明的「不合理」證明法。

三段論法的方法，分為設定正確的推論形式的指導方法，論破用詭辯設陷阱的虛偽推理的警告方法。指導是分析論，警告則是論破法。另外，論破法又區分為論破詭辯的虛偽、論破說明的虛偽及論破偶像等三種。關於偶像，以後會有敘述。

保管知識之術，用記憶或記錄來達成。記錄可以大大幫助記憶，沒有記錄，就無法期望記憶的正確，沒有被記憶的證據是不被允許的。關於這點，歸納法的哲學及自然的解明尤其如此。

記錄的部門，是有關記號性質的部門，也就是區分為文法學及有關記載順序的部門。記憶之術，分為根據預知及象徵兩種。

傳達之術，是將知識表現給別人，加以轉移的技術。這和語言及論述的所有部門有關，傳達的機關、傳達的方法及傳達的例證，是區分三種的部門。傳達機關這個部門，由說話及語言的考察，構成了文法學。培根將它稱為哲學性文法，是研究學術語及通用語各種特性的比較性語言的研究。

傳達的方法，是鼓舞目標放在知識的完成的重要部門。此部門中，分為使用被傳達的知識的方法，以及使知識進步的方法。前者是權威性的方法，後者是試驗性或先導性的方法。其他尚有公開的方法及秘傳的方法，利用警句的方法及組織的方法，依照所處理的題材及內容，方法會有所不同。

傳達的例證，稱為修辭學或雄辯術。修辭學的任務是依照意志及理性所命令的方向，讓它更能活動，使想像力能接受理性的命令。邏輯學是將道理依照真理嚴密地處理，但修辭學是對一般人的想法及習俗依容易接受的方式來處理，邏輯學的證明及論證，對一切是同一的，對修辭學的說服，則因聽者而異。

至於知識的傳達，附加有兩種研究。一是有關著作原典的研究，另一個則是教授法的研究。

倫理學

培根關於倫理學的論述，和邏輯學相較，簡略了不少，但富有暗示性。

倫理學有關於善的模範這性質的部門，以及精神訓練的實踐部門，也就是善的本質、善的培植兩部門。

善的本質又分為社會的善、個體的善。個體的善包括保存、維持自身、促進完成自身的消極的善，以及繁殖擴張自身的積極的善。社會的善，培根稱之為職責，這包括夫婦、親子、主僕、友誼及道義等職責。

前者考察善的種類及等級，善的等級的最高階段，也就是至福或最高善，這樣稱呼的人，屬於信仰神學的人。

個體的善，是一切的個體本身作為獨立的個體追求自己的善，另一方面，作為更大團體的一員追求全體的善。全體的善比自己的善更有力，價值也更大。這從自然的觀察可獲得證明。對人類來說，公共的義務比保持生命及生活更具價值。

個體的善則以個人的生活欲求為區分，也就是第一保持、保存自我本質的欲求，第二促進完成自我本質的進步，第三增加及擴大自我的欲求。第一是保存之善，第二是完成之善，這兩種都是被動的善。第三是主動的善，主動的善勝過被動的善。以生物來說，繁衍子孫的喜悅比食物的喜悅更大，人類也愛好多樣的進步。在被動的善之中，完成之善勝過保存之善。因為，與其維持現狀，倒不如有所進步。

全體的善，是和社會有關的人的善，因此稱為義務。第一是作為國家一員每個人共通的義務，第二是依照個人的職業、職位及地位的特殊義務。

論述職業上的義務及道德，必須知道和它相關的一切職業上的惡德、詐偽。否則，道德便攤開著，呈毫無防備的狀態。此部門也包括夫妻、親子及主僕的義務，友情及感恩的法則，作為集團及近鄰的一員的義務。有關全體的善的研究，除了什麼是善之外，人們彼此之間，私人及公共，現在及未來的義務，處理輕重的問題。

精神實踐的部門，研究如何使人的意志適合於善，但這是一向所缺乏的。因此，善的本質的部門只不過是美麗的畫像而已，眼中看來雖然美麗，但變成既沒有生命也沒有活動的東西。

關於身體的治療，首先，必須知道體質及體格，接著是症狀，最後知道治療法，這才是正確的順序。同樣地，在精神的治療上，對於種種的性格、精神疾病的感情有了一番瞭解之後，才能考慮治療法。然後，前面兩項是由我們所支配之外，只有最後一項才能支配。

精神實踐的部門，第一便是將人類天性所傾向的種種性格及氣質，確實而正確地分類、記述下來，也就是性格學。性格的基本要素、其特質及差異、性格的類型等各項研究。除了自然被刻印的性格及氣質之外、性別、年齡、地域、健康及疾病、美醜所產生的差異研究也包括在內。

第二是感情及激情的研究。由於感情的動搖及異常，精神被攪亂。對於感情的動態、變化、抑制、外在表現、相互研究、抵抗等各項研究。

第三是我們所能支配的東西，影響我們的意志及慾望、改變性格的力量的研究。習慣、鍛鍊、習性、教育、模範、競爭、交際、朋友、讚賞、叱責、訓戒、名譽、規則書籍、學術即是。從這些研究，精神的健康及良好狀態，以人的能力所及為限，能有助於恢復及維持的處方及養生法，被調劑並記述下來。

培根在其中敘述有關形成習慣的四個教則及學問的規則。而最後他作了這樣的結論：身體的美質，是健康、美、力及快樂。精神的美質，是精神的健全、高尚，對義務的機敏、對快樂活生生的感覺，身體及精神的美質相互關聯且會一致。

培根的倫理學，表示了從宗教、神學脫離而獨立的傾向。這是受到歐洲英國宗教改革的影響。但是，道德法則的某一項——譬如「愛你們的敵人，為了憎恨你們的人給予善」——這種最高善的完成，保留了宗教補充的必要性，並未完全將信仰及倫理分開。在精神的實踐上，對精神疾病的治療敘述了：「道德哲學必須不斷地注意神學的教導。」

倫理學在研究相對性的世界的善上，道德法則的大部份具備了自然之光，也就是人的理性所不及的完整，另外，認為合乎人性及事物的性質、非常一致的自然法則。倫理學觀察人性及自然界，要例證這些事實和道德法則的一致。在精神的實踐上也是一樣，倫理學是神學的僕役，但能廣泛地自由裁量的僕役，是觀察人性的基礎。

對培根來說，倫理學為了完全解決問題必須求諸於宗教的援助，但具有以人性作為基礎獨自的寬闊領域，而比個體的善更強調社會的利益及義務，在個體的善方面，完成比保存更可貴，擴大比完成更可貴，主張進步及活動主義的倫理。培根說：「在人生的劇場中，只作為觀眾的人，僅適合神及天使而已。」

社會哲學

將人視為集合性的東西加以考察的學問，稱為社會哲學或市民學，有關社會生活、政治的學問。

由於社會團體的生活，人基本上所要求的是對孤獨的慰藉、對工作的利益、對危害的保護。依據這些，市民學可區分為交際的學問、折衝的學問及統治的學問。分別以態度的智慧、實務的智慧、國家的智慧，對如何社交、如何處理實務以如何立身處世、如何統治國家等三項問題作回答。培根尚未意識到社會團體的型態、組織及運動等，今日的社會學所處理的問題。

交際的智慧，是有關社交的禮儀作法。也就是談話及應對時彬彬有禮，給予人好感的態度及舉止，有氣質的服裝，高尚的親近感。這些智慧並不會浪費過多的心思，也並不是具有最高價值的東西，但在實際生活中，具有重要的效果及機能，不能等閒視之。

折衝的智慧，是處理生活實務的智慧。它又區分為二，第一是有關私人的實務，在種種機會中如何對人提出忠言及建言的智慧。也被稱為「散在實務的知識」。第二是促進自己的命運，也就是「立身處世的知識」。

第一項知識，是臨機應變對他人給予最好、最明智的忠言，也就是勸告的心術。作為其實例，培根在《學問的前進》及《學問的威嚴及壯大》中，削除了兩項又新加了十二項，一共列舉三十四項金言，大多數取自聖經。

第二項的「立身處世的知識」，被稱為「命運的建築術」。為了立身處世，本質條件應是能正確、公平地評價及理解他人及自己。然後，需要有展現、顯揚自己的智慧。關於這兩個條件，列舉出許多典故中出類拔萃的教訓。

培根認為，市民學的三種智慧，一向不被當作學問來尊重。也就是說，在態度的智慧上比德性差，受到學者這樣的輕蔑，而國家的智慧只限於少數的人，關於實務的智慧，則連書籍都沒有。其結果產生了「學問和實際的智慧並沒有太大的協力關係」的意見，而招致學問及學者的不名譽。

尤其在「立身處世的智慧」中他說：「學問不讚賞此命運的建築術，或不尊重，認為它是劣等的工作。」那是因為，任何人的幸運不成為其存在所適合的目的，往往更優秀的人為了更崇高的目的，很高興地將他們的目的捨棄。然而儘管如此，幸運作為德性及善行的工具是值得考察的。」

擅於社交，擅於處理實務，得到幸運，若只是這樣也許是卑俗的事。然而，在社會生活中，所有的人們會給予深深的關心是不容否認的。「幸運是和有德一樣困難的事。」以正確的方法來解決它，正確地定位有其必要。一切的無知及不瞭解，會導致誤用、悲慘。對認為學問的目的是有益於人生的培根來說，卑俗的事情也可以作為學問的內容，絕對值得加以研究。

也就是說，「存在能作用的任何事物，將它納入思索，沒有不能整理為理論的事物，這便是探索真理的鐵則。」

接著，他在「命運的建築術」中敘述如下：「這一切都是正常的術策。」「不遵守愛及清廉的法則，可以的話，運勢進展會更乾淨俐落吧。」但是，確信德性會獲得最大的回報，縱使對邪惡之術非常謹慎，不斷地以這樣的安息日追求自己的幸運，不會留下神對於時間的捐獻物。「人寧可說是神學及哲學的磐石，是建立於神之國及神之義、精神之上的幸運。」

政治學

市民學的第三部門，是包括家政及法律的政治學，關於這些學問，在《學問的前進》一書中，其內容幾乎未曾提及。理由是，培根對於政治學的見解，以及著述《學問的前進》的動機便能說明一切。

根據他說，政治學是從兩點來看是機密而被隱匿的學問。那是因為，某件事情是難以瞭解、難以知道的秘密，並且公開發表某件事情也是不適當的，因此也是秘密。關於政治，具有經驗的國王及高位高官者最瞭解，是一般人不得而知的事情。然而，政治有公開發表、有不適當的部份，也有不喜歡公開發表。

當然，對於統治者來說，一切都必須清楚明白才行。但《學問的前進》是為了政治家的大家，並且是有許多能幹輔佐的詹姆斯一世而寫，政治學還是保持沈默比較適當，他這樣認定。

然而，對於公共的法律，以往的著作對哲學家而言是太高遠的理論，或者對法律家而言，也只是敘述現實的法律而已。於是，現在法律應該如何如何，作為政治家的培根，開始寫法律論，他說將來要公開發表。

在《學問的威嚴及壯大》，政治學的範疇中，「帝國的領土擴大論」及「法律論」都被拿出來討論。但「帝國的領土擴大論」在《論說文集》的「關於邦國的偉大」一項中，幾乎完全依樣被寫進去。

培根認為政治學的任務有三項：第一是國家的維持，第二是國家的幸福及繁榮，第三是國家的擴大。第三項他命名為「武裝的政治家」，敘述了「國家領域擴大的理論」。其要點是，強調尚武的精神、財富及階級的均衡、外來人民的懷柔、軍備的強化、好機會的準備、常備兵、海上的支配、軍功的揚賞等等。

科克將它批評為：

「他的理想是，將剛健而富裕、武裝置於良好人民的基礎之上，是強有力的軍事國家。」

培根的理論，反映了當時英國的情況，同時也是學習自馬基維利的《自力國家》理論。當時的英國，國內擁有統合蘇格蘭和英格蘭，以及對愛爾蘭征服及殖民，使英國統一的機運。另外，由於宗教改革，宗教、政治上的紛爭斷斷續續未曾停止。對外則有和西班牙之間海上支配權的爭奪戰，以及海上貿易、殖民問題上和歐洲諸國的競爭等等。

培根的政治學，大都是面臨這些問題英國所應採取的政策，也是他的理想。他經常引論英國的政治，英國以外的國家通常都不在他的眼中。

限制王政及法律論

培根在其《論說文集》的「關於貴族」的論述中，提及民主國家在許多方面都比較優異。那是因為，國民平平靜靜地不會引起叛亂的事情。而且民主國家不以身份而是以工作本位來任用人才，因為每個人一律平等，議決也比較公平，賦稅的負擔也沒有不滿之處。

但他並不認為民主國家更優於君主國家。在有關蘇格蘭和英格蘭統合問題的議論中，培根將共和國及王國作了一番比較，他認為，一般的共和國是依據事先擬定的法律而存在。也就是說根據選舉規定年期並授與權威，是忙碌而奇妙的體制。相對地，王國的國王是超越法律的存在，對他的服從是自然的行為。

他是熱忱的廷臣，經常都是王權的擁護者，但並非主張毫無限制的專制君主政治。培根所服侍的詹姆斯一世，曾率先公開宣言王權神授說，他在位三年間，只召開了四次的國會。

培根認為王權神授說是「悲劇性的議論及確信」，勸說國王永遠放棄王權神授說，說明召集國會的必要性，規勸國王重視和國會的協調。培根的政治思想，和其學術論相比，相當保守，但遵照當時英國的傳統，主張國王行使權力，應在國王的自我限制之下，採取根據國會及法律所限制的限制王政。

在《學問的威嚴及壯大》中，以「和普遍性正義或公正的源泉有關的論述的實例」為題，分為十八項，由九十句金言所組成，敘述其法律理念。

誠如前述，政治學的第二項目的是國家的幸福，但法律所應考慮的範圍是人民的幸福。人民的社會是由法律或暴力所支配，但為了人民的幸福，需以稱為法律的法律作為根源，確立法律的支配。然而，如果法律不確實的話，恣意及苛酷就會伺機而起，由偽裝暴力及法律的力量來支配，市民的幸福就受到侵害。

法律的基本性威嚴在於其確實。「確實性是法律的基本要素，沒有它便不可能有公正。」培根關於法律論的中心，是為了法律的確實性的政治家、立法家的論述。法律的不確實，第一是法律未規定的情形，第二是法律不明確的情形。法律的不明確，是由法律的收集過大、敘述的模稜兩可、法律無秩序的解釋、判決的矛盾所產生。

第一是沒有可遵循的法律時所應採用的方法，培根敘述了三個方案。

第一項是參照類似判例對法律的擴張解釋。此種情形，依照道理從公共善的方向而擴張。而關於刑法，認為是另一種擴張解釋。

第二項是尚未成熟的法律所援用的先例。但是，「先例是以勸告來使用，不能以規則來使用。」科克對於培根的主張，認為反對尊重先例，是對一向尊重先例、以判例作為法律的英國傳統的反動。然而培根認為科克所說的先例，「很少產生，挾著長期產生的先例，不具備法律的效力。」他這樣限定，也是為了反擊科克批評他反對尊重先例是不當的。

第三項是執政官的法庭、檢察官的法庭應以善良人們健全的思慮辨別來加以裁決。這兩個法庭，雖不是當時英國實際存在的東西，但令人聯想到當時民事的衡平法法院及刑事的星法院。這兩個法院，和以判例及習慣為起源的普通法法院之間，往往發生相互衝突的事情，後來而被廢。尤其是星法院，是將普通法認定為犯罪的行為而加以處罰，判決非常苛酷，據說甚至使用拷問的方法。因此，透過一六二八年的權利請願，以及一六八九的權利章典，確立了近代的罪刑法定主義，星法院在培根死後不久的一六四一年被廢止。

他列舉了令人聯想到類似這些法院的例子，不能立刻就認定為反動的言論，但是，由於時代動向的不明，被科克這樣認定也是很無奈的事。

啟示神學

根據神的啟示的神聖神學，是根據神的語言及告示，並非根據自然之光。這點便是和前面所敘述的自然神學根本上不同之處。因此，對於宗教的教理，理性保持沈默才是適當的。因此，對於教理的內容不直接干預，只限於提議了三項附屬的研究。

第一是研究神學中理性的合法使用，第二是研究神之國一致的程度，第三是研究聖經中教理的起源。

基督教信仰和其他異教不同，它根據正常的界限，也認定禁止使用理性及論證。在宗教上理性的使用有兩種。其一是被啟示時對神的神秘加以考察、理解，另一個則是，根據它推論啟示及教理加以誘導。

前面的情形是將神的能力降到和我們人一樣，以讓我們容易瞭解的方式表現啟示及教理。此時，我們應該使用一切的方法，理解神的神秘能接受它，改變理性。後面的情形，宗教的信仰信條及原理，應置於某種地位，從那裡為了獲得指示，理性的推論變成二次式的認定。以上，便是研究理性的合法使用的要點。

神學有告知、啟示的內容及性質等問題。啟示的本質問題，分為啟示的界限、啟示的完整性、啟示的取得等問題。關於啟示的界限這問題，是指個人或教會能接受靈感到何種程度，能使用理性到何種程度的問題。

所謂啟示的完整性的問題，是指宗教某點的基礎，知識的增加如何對信仰的完整性產生影響。基礎點上，將基督教的盟約認定為「不是我們友人的人便是敵人」，但不是基礎性這點卻寫著「不反對我們的人是偏袒我們的人」，將人們脫離神的教會，只在和教會無緣這點，這個範圍加以闡明，對於教會的和平來說，是極其重要的事情。

啟示的取得，依存於對聖經的正確解釋。聖經的解釋，具有像經驗學者那樣有體系的方法。這些神學，要求簡潔、強有力且完整，但前兩者無法發現，而且神學上的完整性是不可追求的東西。相對地，對聖經有自由的解釋，但聖經的解釋，必須認定以下的事情：那便是，聖經是由理性、靈感所賦予的東西，和其他一切的東西及著作這點不同。聖經的著者，知道榮光之國的神秘，以及自然法則的完整性，人心的神秘、未來一切的時代，以及知道人們所無法得知的事情。因此，註解者必須設定區別才行。

以上便是研究神之國一致程度的要點。

有關神學的書籍，處理爭議性、獨斷性、陳腐性等特殊問題，或是說教式、冗長的東西等書籍，可以看見不少。但從最初開始取原料製作葡萄酒，慢慢變成葡萄酒，而放入榨汁器，摻合石子及葡萄皮味道的葡萄酒更甘美，聖經就像經過壓縮所流出的教理一樣，極其甘美健全。如上所述，既不是陳腐的記述，也不是爭議性的方法，更不是傾向於學問的方法，對於聖經特別的原句註釋及所見，自然、健全、簡潔、明白地加以整理才是最理想的。

以上便是關於以來自聖經的教理為命名的研究。

在《學問的威嚴及壯大》中，啟示神學的部門全部都未被刪減。以下是《學問的前進》所敘述的事項。

根據神學所教導的東西，一是信仰及意見的真理問題，二是祭式及禮拜的問題。因此，產生了信條、律法、祭式、管理等四個部門。信條包括了神的本性、屬性及教理。律法分為自然法、道德法及實定法，從樣式又分為否定及肯定、禁止及命令。

禮拜是由神和人之間的雙務性行為所成立。從神這方面來說是說教及秘跡，從人這方面來說，則是根據神的名義的祈禱及奉獻犧牲。教會的管理，由教會的財產、特權、聖務及司法權、指導全體的律法所成立。這些除了教會內的問題之外，應考察世俗國家的調和的問題。

神學的問題不外乎教導真理及推翻虛偽兩者之一。脫離宗教的東西，是對於信仰的否定，也就是除了無神論之外還有三種非宗教的東西，那是異端、偶像崇拜及妖術。對正確的神以錯誤的崇拜來祭祀便是異端，對錯誤的神誤以為是正確的神便是偶像崇拜，而明知錯誤的神是錯誤的卻加以崇拜便是妖術。

學問的新世界

以上便是根據人的知識能力的學問，至根據神的啟示的學問為止，知識世界的小地球儀的大略。培根在《學問的威嚴及壯大》的結尾說：「學問的新世界，或者欠缺的東西……」將以往學問所欠缺的項目，列舉了五十項。

譬如：異常的自然史、技術史、作為哲學基礎而整理的自然史、學術史、預言史、古代寓言的哲學、第一哲學、活的天文學、健全的占星術、自然難題的繼續、古代哲學家的意見、有關事物形式的形而上學部門、自然幻術、人類所有物的目錄、被常用的事物的目錄、人類的功績、比較解剖學、被宣告不治的疾病的治療、安樂死的方法、醫師的道路、延命術、感覺性精神的實體、感覺及知覺的不同、能閱讀寫作的經驗、新工具、哲學的文法、善與惡的特色、精神的實踐、命運的建築家、普遍性正義的理念、神學中理性的合法使用……等等。

看了這些琳瑯滿目的項目，我們可以知道，培根不僅考慮到改善人類的物質生活而已。在這些項目中，尤其有培根親自著述的自然史、古代寓言的哲學、新工具、善和惡的特色、普遍性正義的理念。

《大革新》及《新工具》

精神的羅盤針

《大革新》是由十個項目所構成的概括性著作。培根的侍從羅利伊說，在此著作形成之前，曾經過長年的檢討，他至少看了十二次《大革新》的複本。著作的題名《大革新》，是以培根學問、思想的全體作為表現。這些已曾作為他學問上的野心敘述過，但學問全面性的大改革，帶來了人類生活的全面性變革，它也將學問回歸於原有的正確態度，因而恢復神創造世人時賦予人類的對萬物的支配權。《大革新》便是《大復興》。

所謂學問的正確態度，是指人類的精神和自然的事物，密切地交流的狀態而言，那樣的時代，在人類墮罪以前的原初時代就存在著，培根一直有此確信。蘇格拉底以前的畢達哥拉斯、赫拉克雷伊特、艾貝特克利斯、達謨克里特等初期的自然哲學家們，以及希臘民族的神話及詩人、寓言的時代，他確信自己的學問精神是活生生的。這些事情在一六〇九的著作《古代人的智慧》中，已清楚地吐露出來。《大革新》想將人類和自然密切交流的狀態，回歸到原初時代的精神，目標向著學問重新出發這點。

《大革新》的扉頁題寫著「此書是英格蘭的大法官、威爾拉姆的法蘭西斯的著作」，而上面畫了一幅插圖：二支柱子之間張滿了帆，衝著波浪前進的三桅帆船。這兩支柱子，據說是大力士赫拉克利斯所抬起，是聳立於直布羅陀海峽兩岸的兩個懸崖，被稱為赫拉克利斯的柱子，成為地中海西邊的端點。

《大革新》的扉頁

培根在序文中對「赫拉克利斯的柱子」作這樣的說明：

「人們對自己現在所擁有的技術給予過高的評價，不想作更進一步的追求，或者，過份低估自己的能力，浪費於無謂的地方，而不賭注於更重大的事情，這變成學問之路所豎立的宿命般的柱子。因為，人們不會特意想往另一個方向前進，因為不這樣希望的緣故，以致堵住前進的大門。」

培根將自己所企圖的大革新，衝過以往被認為無法超越的「赫拉克利斯的柱子」，將它比喻為對未知知識的海洋的航海。

他又在序文說：「大洋的航行需有羅盤針，知識大洋的航行，也需要人類精神這羅盤針，想要給予這羅盤針。」插圖下面的東西，取自聖經「提多書」第十二章第四節的句子：「有許多人的來往奔波，必有知識的增加。」對此預言，《大革新》的《新工具》說明如上。也就是說，此預言經過長途的航海，能讓世界的開放及學問的進步在同一時代發生。

目標在於大事業

接著扉頁，是作者的聲明，強調以下的事：闡明此著作具有大復興的意義。也就是說，人在世界上所關心的事情中，最重要的是將人類精神和自然事物之間的交流恢復到原初的狀態，至少能改善得比現在更好，而想完成這個理想，用古老哲學的方法是不可能的，需要學問及技術等人類所有知識全面性地再構成，培根如此宣言。

接著，寫了呈獻給國王詹姆斯一世的信。在這封獻辭般的信中，培根將詹姆斯一世比喻為所羅門王，懇求他考慮自然史及實驗史的編纂事業，然後他作如下的結尾：「進一步地模倣所羅門王的例子，希望懇請陛下考慮自然史及實驗史的編纂，使它得以完成。如此一來，經過數世代之後，哲學及諸學問就不會漂浮於空中，能站在針對所有種類同時也經過仔細檢討、品味確實經驗的基礎之上。我提供了這工具，但材料必須收集自自然的諸事實。」

這封獻給國王的信，接著是《大革新》的序文，序文是對一般人所說的，他開始對序文的旨趣敘述如下：「到今日為止完全不同的道路為人的智慧而打開，且獲得其他的援助，人的精神終於第一次能行使對事物本質的權利。」

接著，以往人所完成的事物及對人的能力的種種態度，或是某種傾向於有關訓戒、警告及建言，給予他們鼓舞。尤其對學問的目的他這樣說：「最後，我向一切的人作全盤性的勸告。那就是要各位思考學問的真正目的。它不是讓心裡感到快樂的東西，也不是為了論爭，不是向別人誇耀的東西，更不是為了名聲、權力或其他低俗的東西，而是為了人類生活的福利及效用去追求學問，並且在愛中完成學問、加以支配，這是我所希望的。

然後是結尾，培根闡明自己的目標學派或學說，而是在於事業，請求大家協助他完成此事業，在此結束了序文。

也就是說，「至於我所要提出的要求如下：我自己本身當然不用說，在這裡所列舉出來的事項，希望拜託各位做到。也就是不要只以為它只是一種意見，希望考慮它是一種事業。而我並不是為了某種學派或學說的基礎，我確實努力於人類利益及力量的基礎，希望各位能相信。再者，人們對自己的利益能公平地思考……，以一般的幸福作為共同的目標……，對此事業自己本身也有參與的意願。而且，我懷著莫大的希望，不要認為我的《大革新》超越了人類無限的能力。那是因為，實際它是修正無限際的錯誤所得到正確結果及界限。」

的確，培根的理想並非只是完成著作而已，而是設定成有許多人協助的研究機關，革新技術建設人類的新世界，他想要描繪出其大事業的藍圖。而類似範本的著作，可以從其晚年的著作《新亞德蘭迪斯》中看出。

結束以上的序文，接著是「著作的計劃」，他對於已經敘述過的《大革新》所預定計劃收錄的六個部門，作了一番說明，其中大部份在《大革新》出現當時不用說，以後培根的餘生中也沒有被完成。

《大革新》問世之後約一百七十年，康德在《純粹理性批判》第二版的開頭摘述了培根在《大革新》序文的結尾，也就是現在所列舉的部份。

新邏輯學的《新工具》

《新工具》相當於《大革新》全部六個著作計劃的第二部門，是將《關於自然解釋的十二章》及《金言及勸告》所敘述的內容合併加以編輯的。所謂《新工具》這名稱，是相對於亞里斯多德以邏輯學為學問的工具，新工具，也就意味著新邏輯學之意。

《新工具》是以金言的形式，分為二卷所構成，第一卷有一百三十個金言，第二卷則有五十二個金言。

第一卷相當於全體的序論，但培根將它視為破壞性的部門。金言的一至四為對人類及自然，五至十為對現在學問的批評，十一至十七為邏輯學的不完整性，十八至三十七將古老的方法和新方法作比較，三十八至六十八討論偶像的問題，六十九至七十七說明古哲學的特色，七十八至九十二說明知識現狀的諸原因，九十三至一百一十五則是對未來希望的根據，一百一十六至一百三十是讀者所應注意的事項。

第二卷是建設性的部門，必須敘述新邏輯的正確規則才行，但所敘述的只是全體企劃的一部份。在此部門中，培根將認為最重要的發現物體形相的手續，透過熱的形相的例子加以敘述。

學問的正確目標

《新工具》在序言之後，接著以下面的金言展開：「人是自然的助力者、解明者。人對於自然的秩序，實際上只能在思索、觀察的範圍內有所行動、理解。更進一步地，是無法知道也無法實行的事情。」

這段話表示了培根對於人和自然的關係的基本看法。自然並非可以讓人任意擺佈的存在，人對自然的功能能有所幫助，或是加以解釋。然而，任意幫助或獨斷性的解釋是不可能的，需經過實驗或作業，或透過思索從理論去觀察、理解自然。和自然緊密地接觸，從自然學習，才能瞭解自然，因為知道了自然的真相，自然沒有人的幫助既能進行更上一層的事情，也能讓自然來實行。前者是從自然游離的抽象性思考及臆測，人無法瞭解自然，也無法實行。

金言的第三：「人類的知識及力量是同一的東西。」這是大家最為熟知的一句話。古代不知道有羅盤針這東西時，依靠著星光，僅僅在沿岸航海。自從羅盤針被發明之後，渡過大洋發現了新世界的諸地域。同樣地，建造堤防、水壩、運河等土木工程的知識尚未發展時，對於河川的氾濫人是無能為力的。隨著土木工程知識的發展，我們人類控制了水流，利用於灌溉、水力、飲用，對增進人類的幸福，終於有了一些力量。

那麼，控制自然增進人類幸福的知識，究竟是怎樣的樹呢？如果不知道疾病的原因，就無法以適切的治療來提高效果。何以如此？「因為如果不知道原因的話，就無法導出結果，在自然的考察上，被認定為原因的東西，在作業可以擔任規則這角色。」

培根作為目標的知識，是人類的真正原因，或是自然的秩序，或是法則的知識。靠著這樣的知識，人才能成為自然的解明者、助力者。以上不僅是有關自然的知識，對於一切部門的知識也很適合。

繼續以上，討論了既存的諸學問的無力、邏輯性不完整之處。也就是說，以往的發現與其說根據學問，不如說是憑藉偶然，學問對新事物的發現及知識的發現並沒有太大的助益。因此，只能讚揚人的精神能力，不想發現輔助精神功能的正確手段，邏輯學與其說是真理的發現，不如說是謬誤，與其說有用，不如說有害。

學問的這種弊端狀態，是由於種種原因所致，但其最大的原因，是設定學問的目標時方法錯誤。何以因此？「如果目標本身沒有正確的定位時，就無法通向正確的道路。」另外，「縱使諸學問的目的及目標有了正確的定位，人選擇了完全錯誤、無法通行的道路作為自己的目標。」因為這個緣故，學問的正確目標和目標的路程有必要作一番修正。

學問的正確目標為何？「諸學問真正的正確目標，是對人類的生活給予新的發現及力量，除此之外別無其他。」學問的目的，是藉著新的發現及發明，確立人類對自然的支配，以提升人類的生活。因此，健全的學問基準，並不是為了知識而覓求知識的思辯，它所產生出來的成果，也就是工作，能供給人們——譬如說火藥、絹絲、羅盤針、砂糖、紙、印刷術——等東西的發明。

「在所有的目標中，沒有比產生出來的成果更確實、更貴重的。結果及所產生的東西是諸學問的真理的保證、證明者。」知識的真理性並不是憑藉議論，而是憑藉其功能的效果來證明。

「真理和效果在此時是同一的東西。」培根的主張，絕不是為了自己的職業、利益、名聲，也並非只看眼前利益的實用主義，更沒有忽略真理的探求。因為如果沒有真正的知識，就無法支配自然。因此，唯有將學問的目標正確地定位，才能得到真正的知識。靠著這些知識，人才有可能支配自然，因此，真理及有效的結果是相同的。

以上所敘述的學問的目的，也就是人對於自然的支配力的擴大，沒有發現、發明就無法達成，而發現如果沒有闡明自然的法則，就不可能成為學問。而自然的法則如果沒有對自然的認識，就不為人所知。認識自然的唯一途徑是「人類的精神和事物相結合」，也就是所謂的經驗。在地面至少屬於地面的事物中，和經驗相比更有價值的事物，恐怕再也沒有了。

經驗及實驗

經驗是透過我們的感官所感受的自然諸事物，它顯然是「人類精神和事物的交流」。我們有關自然的知識和經驗同時開始，在經驗的事實中，才隱藏了有關自然的概念、自然的原因、自然的法則。脫離了經驗而追求知識，最後不過是歸於空想性的概念，徒勞無功罷了。「有希望的是，諸學問的再生，也就是說，諸學問從經驗出發，井然有序地重建起來。」

靠著發現及發明，支配自然的學問出發點在於經驗，但是，不管是怎樣的經驗，並非引導人對自然有正確的概念、原因及法則。自然發生的經驗稱為偶然，追求得來的經驗則是實驗，但被稱為偶然的經驗，對知識是完全無效的。換句話說，「這種經驗像繩子散開檢掃把一般，完全是暗中模索。」對自然只有遵從它才能加以支配，但這並不是說我們完全被動地、盲目地依賴經驗。因為我們對自然發動作用時，自然會產生反作用，比擱置一旁時更能呈現自然的本來面目。這便是被動地追求作為經驗的實驗的一大價值。「經驗才是比其他任何事物更優異的論證。但是，那無論如何是必須經過無數實驗的。」

培根所謂的實驗，以及研究者所謂的實驗室，農業及製造業的農夫及工人所實際進行的耕作及加工技術，都包括在內，範圍非常廣泛。

實驗可以說是干涉自然、對自然強制拷問的東西。「自然的奧秘，以及其前進的道路，寧可說被技術所挖苦時更能呈現其本來面目。」培根所謂的經驗，便是指這種實驗的經驗而言。

經驗才是優異的論證，「現在人們所使用的經驗方法，是盲目而愚蠢的。因此，不遵循固定的道路前進，偶爾碰到的事物才能依賴，到處被擺佈，就幾乎無法前進。」被稱為偶然的經驗不用說，即使是實驗也沒有雜亂、無方針的東西，暗夜中去尋找看看，也就是和暗中摸索一樣。

比這個多少像樣的方法，是自己雖不知道，被別人牽引前進的方法。那就像以前對技術的實驗方法，也就是「只是將某種技術的實驗，轉移到其他的技術而已，對人類生活有用的許多新東西被發現。」培根將此稱為「能讀書、寫作的經驗」。

但最聰明的方法，是等待太陽昇起或點燃燈火前進，此時，「正確地排定秩序被整頓，從沒有顛倒及雜亂的經驗開始，從此導出一般命題，然後從所建立的一般命題導出新的經驗」的方法，將經驗正確地往獲得新成果之路推進，就必須以神的智慧作為模範，「無論從何經驗，首先應努力於發現真正的原因及一般命題，而不求為了成果而實驗，必須追求為了光輝的實驗。」「能讀書、寫作的經驗」，是從應用已知的事物產生有用的東西，是「帶來成果的經驗」，無法產生完全新的東西。「帶來光輝的實驗」，是要呈現自然的原因的實驗，靠著它最後能產生許多的成果。

探究真理的兩條途徑

「帶來成果的實驗」，是指農夫、工人等處理自然的一些研究、改良，以小小的改良為基本。「帶來光輝的實驗」，是指科學發明家對自然發動作用而言，瞭解自然的真正原因，產生許多新的成果。

培根想要將發明從工人之手轉移到科學的方法。那麼，如何從實驗將自然的真正原因導出一般命題呢?從經驗探究真理、發現真理有兩條途徑。

一條途徑是從感覺及個別例，突然轉移到一般命題，將這些一般命題作為不變不動的真理，判斷它並發現中間命題的方法。此方法是到目前為止一般所採取的方法。另一條途徑則是，從感覺及個別例所導出的一般命題相同時，一步一步持之以恆地攀升，而抵達一般命題，最後抵達最一般性的命題。這才是正確的方法，但培根認為它尚未被嘗試。剛才的方法培根稱之為「自然的預見」，後者他稱之為「自然的解明」。

「這兩條途徑都是從感覺及個別例出發，到了最一般性的命題定住，但是，兩者的不同之處是無限的。」「自然的預見」是從感覺及個別例推理一般命題的方法，而因為是「輕率而急躁」所產生的命題，所以培根才以此命名。「自然的預見」的錯誤在於「輕率而急躁」。

首先，它只是「經過經驗及個別例輕輕一碰」而已，如此便決定了事物的概念。因此，那概念是不明確的，充滿了空想、錯誤。至於推理是由命題所成立，而命題是以語言來表示判斷，而那語言是表示事物概念的記號。如果概念本身有這樣的錯誤，其上的建築物怎能堅固呢？這便是根本性的錯誤。

第二，「自然的預見」也就是「從少數且大致是日常性的感覺及個別例突然推論命題」，絕不輸於概念的情形，非常嚴重，其一般命題是抽象的，對新成果的發現一點也不管用。

第三，「自然的預見」也將一般命題視為不動的真理，從此導出中間命題及個別例。

然而，一般命題正如剛才所敘述的，是少數且日常性的東西，依照尺寸而製造，無法達成新的個別例。日常性的東西「能輕易地帶動知性，滿足想像力」，因此，具有能得人們同意的力量。「人們以同樣的方式都發瘋來說，彼此仍能巧妙地有意見一致的時候。」對於這樣的「自然的預見」，「自然的解明」這方面將充分的經驗井然有序地採納，一步一步爬升，抵達最一般性的命題。然後從此發現新的個別例。

這種「自然的解明」的正確、有順序的過程，便是培根的《新工具》。

培根和亞里斯多德

以上的「自然的預見」及「自然的解明」，表示亞里斯多德所代表的古邏輯學，和培根的新邏輯學之間的差異。

培根並非懷疑亞里斯多德的偉大，但在各著作中都可見他對亞里斯多德的批判、非難，一方面借用對方的用語，使用於別的意義。形而上學的用語，則是編纂亞里斯多德的著作時才初次被使用，那是超越經驗能有變化的自然性存在，所存在的事物，一般有關的原理加以探究的學問。而相對地，培根的形而上學，是自然學的一部門，是探求形式因及目的因的部門。形而上學稱為第一哲學這點和亞里斯多德是相同，但培根的哲學是處理諸學問共通的意見及一般命題的學問。

培根對亞里斯多德大力非難的最大理由是，亞里斯多德作學問的方法是抽象性的，其邏輯學對新發現及新發明完全無效，而他的方法對議論較強的目的雖然有效，但對於目的在於產生增加生產的新技術，卻是一籌莫展，培根一向這樣認定。

至於推論，則區分為兩種：歸納及演繹。首先作此區分的是亞里斯多德。歸納是由個別的事例導出一般命題，演繹則是由一般命題導出特殊命題。演繹也稱為「三段論法」。「自然的預見」及「自然的解明」都是先由感覺及個別的事例導出一般命題，這種過程是歸納推理。接著，從一般命題以後是演繹推論。

亞里斯多德

培根對於亞里斯多德所區分的兩種推論，以及演繹的規則，並未提倡異論。培根加以改革，想要改革一切的學問歸於歸納的方法。然而，以演繹的方法為前提，作為論證的一般前提，不能以演繹的方法來證明，必須以歸納法從個別的事例設定一般命題。如果此時歸納不根據充分的事例，又不井然有序地進行，這一般命題便是不管用的。因此，「唯一的希望在於真正的歸納法」。

那麼，對於亞里斯多德的歸納法和真正的歸納法相較，前者的缺點何在呢？歸納是從感覺和其對象出發，而達到一般命題，因為其過程有四個階段，所以缺點也可以整理為四點。

第一，依照原本的感覺是不夠的，也有不能看、不能聽的東西，欺騙往往也是常有的事，不用對於感覺的輔助手段，不加以補正以免被欺騙。因此，感官印象的本身是不充分的。

第二，知識並非將獲自對象的印象依樣形成，而是由印象所導出的概念所形成。但是，那概念被不正確的方法由印象導出，因此，是不明確而混亂的。

第三，諸學問的原理，是單純地列舉出所肯定的事例，用所謂的單純枚舉來決定。因此，雖然其他的情形相同，但在結論上不會一致的否定性事例，那原理很輕易地就被推翻了。譬如，「牛、羊、山羊、鹿會反芻。牛、羊、山羊、鹿有角」，由此推論出「一切有角的動物都會反芻」。以此一般命題來說，犀牛這種動物雖有角，卻不會反芻，只要一例立刻可以否定上述的結論。也就是說，當然有必須的否定性事例來排除的方法，這種不使用自然精密的方法是錯誤。

第四，由歸納所得到的一般原理，想檢討中間性的一般命題並證明時，檢討和證明所使用的發現法及證明法有錯誤。

培根極力非難、批判亞里斯多德的是其學派，但是，他也認為其他的學派當然也是錯誤的。

亞里斯多德及其學派，對許多經驗都不仔細地證實，也不做小心的調查，收集了極其普通的事例，將其他的事項完全委諸於思考及精神的預見，這是合理派哲學的代表。

另一類則是，鍊金術士們和其實例的經驗派哲學，只努力於少數的實驗，便大膽地導出許多結論。

第三類是，將迷信及信仰混入哲學，也就是畢達哥拉斯及柏拉圖學派所見到的迷信式哲學，這是靠著空想創造出虛妄的哲學。

第一類的哲學，就像蜘蛛從自己的身體吐絲、作繭一樣，它的結論是詭辯性的、獨斷性的。第二類的哲學，像螞蟻般隨便收集東西。正確的途徑應是蜘蛛和螞蟻中間的道路，從庭院及田地的花收集材料，以自己的力量變為蜜，這便是蜜蜂之路。也就是說，不僅靠著精神的力量，並未將自然史及實驗所提供的材料依樣地貯藏使用，而是靠著知識讓它變化、加工，再貯藏起來。這些合理的能力及實驗的能力，兩個能力緊密地結合才是真正正確的途徑，培根認為這是具有希望的道路。

邏輯學的機能

正如前面所述的，培根將邏輯區分為發明、判斷、保管、傳達等四個部門。其中，最重要的是發明的部門。

保管及傳達部門，因為是對已發明的東西的保管及傳達，屬於邏輯學的消極性部門。但是，長久時代許多人們的觀察及實驗被貯藏在知識的貯藏庫裡，經驗性的方法才能發揮真正的價值。

培根認為，比希臘羅馬時代及自己的時代更有希望的時代，也是以知識貯藏豐富與否為前提。保管是記錄或記憶，記錄是有助於記憶的方法，沒有被記錄的證據是不被接受的。這在「自然的解明」時特別重要。

培根對這種記錄的經驗和敘述應用實驗的意義一樣，都稱之為「能閱讀、寫作的經驗」。發明的部門如果沒有自然史、實驗性的收集，就無法發揮功能。因此，保管及傳達部門並非意義很輕的部門，但在功能上是比較消極的。發明及判斷，是有關精密地使用普遍性的部門，是邏輯學的積極性部門，或者可以說是本來的邏輯學。

本來的邏輯學，可以區分三項主要的機能，其中之一是矯正已偏向、扭曲的人類精神。第二，輔助及補充人類精神能力的弱點及缺陷。這些都達成之後，第三，靠著發明的積極性方法援助理性。

也就是說，分為破壞性部份、補充性部份、建設性部份等三項。破壞性部份是偶像論，補充性部份是強化感覺、記憶及理性，並加以補充。建設性部門則是《新工具》中歸納法的適用。

阻礙真理之路的偶像

偶像的理論，在培根初期的著作中早已出現，以後在種種著作中不斷地被強調，《新工具》一書便可作充分的說明。

培根除了使用「偶像」這名詞之外，還有相當於它的名稱，譬如「錯誤的幻像」、「謬誤」等等。他在《學問的前進》中使用了「洞穴的偶像」——「錯誤的幻像」——這個名詞論述時，敘述了柏拉圖對洞穴的比喻，因此，偶像這個名詞應是借用自柏拉圖。

柏拉圖認為偶像是相對於真正的存在，容易移動的影子。和培根認為偶像是幻像、謬誤這點有共通之處。然而從種種的根源產生，雖容易移動的地方，卻非常難以拔根，固執於人類的精神，妨礙真理之路。

偶像的理論，最早出現於一六〇三年的《時代勇敢的產兒》一書，並分為劇場的偶像、市場的偶像及洞穴的偶像，按順序排列。同年的《自然的解釋》一書裡，則列舉了種族的偶像、宮殿的偶像、劇場的偶像、洞穴的偶像等四種，宮殿的英文是『Palace』，被認為應是市場『Place』的誤寫，在這裡四種偶像的名稱和《新工具》所敘述的順序雖有不同，但都全部一樣。

一六〇五年《學問的前進》一書中，沒有偶像這個名詞，卻有「錯誤的幻像」這樣的名詞，相當於缺少了劇場的偶像。

一六〇七年《概略及議論》中，缺少了市場的偶像，排列的順序有所變動，但在《學問的前進》中，可以看出先天的和後天的這二大區分的意圖。在《概略及議論》一書中，則採取偶然有的事物、天生有的事物的相反順序。

經過變動，《新工具》的偶像論可以說是最終的。那是人類共通的種族的偶像、來自個人特有事件的洞穴的偶像、悄悄進入悟性的市場的偶像、雖不是與生俱來的，也不是悄悄進入的劇場的偶像，根據先天的和後天的來區分。

四種偶像

種族的偶像，其根源在於人性本身，和人類的種族或人種是共通的。因為人類的感官及知覺遲鈍而無力，看不見的東西無法觀察，且比事物的重要性更受到刺激的大小所左右。或不以宇宙作為比喻，或以人作為比喻來掌握宇宙，將自己本身的本性摻雜於事物的本性之內，使事物的本性扭曲、變色。

譬如，人類的智力被認為比實際上所看見的更平等，在諸事實中存在著這樣想法的傾向。另外，從觀察事物所得的證據來限制結論，無法讓思考停止，因為這個緣故，考慮了時間的無限延長及線分的無限分割，超越因果關係，追求遙不可及的事物，反而是圍繞身邊根據人性的目的因。

一起突然刺激的事物最能影響人類的智力，這些少數的事物，會想像其他事物都和這很類似。而一度接受某種想法，有忽略相反事例、讓它溜掉的傾向。比否定性的事例更依賴肯定性的事例，更有強烈地被動性，便是人類智力的固有錯誤。人類的智力絕不是乾乾的光，意志及感情的膠質被染色。

像以上這樣，種族的偶像由於人類感官的無力，精神實體的均一，不斷變動而不穩定，因此，從印象而接受的方式，便只有先入為主的觀念，或者只會產生感染感情及意志的現象。

接著是洞穴的偶像，這是個人的偶像。也就是，各個人身心固有的特性、教育、習慣、偶然等項目，因此，是具有妨礙自然之光個人的洞穴般的東西所產生的。這一半是天生的，一半是後天的。

這種偶像是多種多樣的，其中之一，對個人主要關心事物的執著，將其他事物加以扭曲、著色而產生。譬如，偏愛亞里斯多德的邏輯學，成為自然哲學的奴隸，吉伯特熱衷於磁石的研究，從那裡創立了哲學的體系。

第二，是從各個人具有適合於特定事項的精神傾向而產生。有的人對事物的差異點，其他人適合於觀察類似點。另外，有的人偏愛古老的事物，其他人卻偏愛新奇的事物，無法巧妙地遵守中庸之道。還有，有的人以全體來考察自然，使知性模糊，其他人則要細微地分割自然，將知性分散成片斷的。探求自然的真實的人，對自己的知性強烈關注的事物，卻抱持懷疑的態度，非得防備知性偏於一方被污染不可。

第三種市場的偶像，是最麻煩的一種，這雖不是天生的，但由於人們日常所使用的語言及事物的名稱的聯合，悄悄侵入知性。語言就像貨幣一樣，流通於人與人之間，因此，被稱為市場的偶像。

人們相信理性支配著語言，但語言也可能對知性產生反作用而帶動知性，因為這點，將諸學問變成詭辯性的，使它無能無用。語言實際上是以一般人的知性所能瞭解的事物來劃分，根據理性敏銳的觀察，若配合更確實的事物加以劃分，語言便會倡言異議。因此，學者的討論往往以語言的名稱的論爭作為結束。

市場的偶像其中的一種，是除了空想的假定之外，沒有可對應的實際存在的名稱所產生，命運、原動者、遊星的天球、火的元素等等，這些沒有根據的學說所產生的捏造事物便是。另一種則是，實際存在事物的名稱，因為混亂，界限並不明確，從輕率引出的事物所產生，關於作用及性質的名稱便是一例。

要避免市場的偶像，我們應回到個別的事例，以正確的歸納，將這些系列、順序導出概念及一般命題。

最後的劇場的偶像，不是天生的，也並非悄悄侵入知性裡面，從哲學的種種學說和錯誤的論證法則，寧可說是公然及侵入，投以真正認識的方向將人移開，以往的哲學有如在舞台上演的劇本一般，受到架空的演戲般的世界的影響，人們紛紛被吸引了，因為這樣認為，所以將它命名為劇場的偶像，培根也將它稱為學說的偶像。

將錯誤的哲學加以大別的話，可分為沒有根據卻假定、主張的獨斷性哲學，根據惡意的疑問的懷疑性哲學。獨斷性的哲學更進一步可分為通俗性沒有經過檢討的經驗，將它塑造成普通性的意見，或者根據過份狹窄的經驗、還有完全不顧經驗，根據宗教的信仰及神學的傳說。

第一類便是亞里斯多德的詭辯性、合理性的哲學，第二類是鍊金術士的經驗性哲學，第三類則是畢達哥拉斯及柏拉圖所代表的迷信式哲學。柏拉圖學派所見到的懷疑性哲學使真理的發現絕望，讓人放棄嚴格的探究之道。

再者，論證本身便是一種學問。那是因為，論證的好壞與否，會使哲學及思考成為正確或錯誤的緣故，但傳統哲學的論證，除了將世界隸屬於人類的思考，而將思考隸屬於語言之外，什麼都沒有做，這種錯誤的論證，就像偶像的要塞一樣。

批判哲學的萌芽

偶像的理論，和目標在於議論成功的傳統邏輯學是相對的，其目標向著為了支配自然的技術的發現，和培根的新邏輯學有密不可分的關係。

偶像的理論，對於人類精神和自然的關係，站在確信應有正確狀況的立場，此確信和培根的基督教信仰及知識的理想一致。也就是說，人類的精神從造物者之手創造出來，就被賦予了自然及世界根源性的知識，為了人類的使用，就成為正確反映天及地的鏡子。

然而，道德性知識的野心及支配慾，人被趕出伊甸園的同時，人類精神變成扭曲天及地的鏡子，以致扭曲了事物之光。從此以後，根據自然的考察，探求神的奧秘，想自己也成為神，人類的精神塑造出類似世界的奇怪世界，相信鍊金藥是額頭的汗水。並非靠著造物主所施惠的純粹的自然之光，配合自己的臆測，將世界塑造起來。人類的精神再度寫照了正確的世界，人類的精神及自然應恢復純粹而神聖的交流，必須將這些捏造的奇怪世界及臆測都加以破壞才行。

對以上培根的偶像論，夫威拉認為它是《新工具》中最重要的部份之一，指出培根哲學的重要性。而蘇雷伊的偶像論，則表示了培根的創造性及洞察力的正面批評。福里德恩認為：「培根對錯誤的觀察的分析，是對真理的探究者最有價值的援助，被一般人所認定。」這等於說明其永恒價值。而赫夫帝克則說：「培根的偶像論是批判哲學的一篇——也就是說，屬於主觀的知識，和屬於宇宙的事物之間加以區別的嘗試。」認定偶像論是批判哲學的萌芽。

培根和康德

培根想使學問作為人類對自然的支配權的擴大，作出有益於人生的發明，使它成為有用的東西。也就是說，學問並不是學派的問題，應改為人生的問題，因而檢討過去的學問，加以批判。

而在這裡，有關偶像的理論中，我們的認識沒有被檢討、批判，缺乏輔助的人類的認識能力，被指摘是多麼不充分。而依存於不充分的認識能力的哲學，一方面對經驗的基礎不確實的亞里斯多德派的詭辯性的合理哲學、依存於狹窄經驗的經驗性哲學、將經驗完全排除於外的迷信性哲學，總之是獨斷性的哲學。

另一方面，將所有的思考成為無效的懷疑性哲學，警告人們會達到此地步，而並非依賴精神的力量，也不是依樣使用從實際所賦予的材料，將兩者緊密地結合，認為中間的途徑才是正確的途徑。

關於這點，康德也批判了人類的理性能力，因此，被稱為批判哲學。但是，並不是對某一學說或學派的是非所作的批判，而是探究知識確實的根據，使哲學本身成為批判性的東西。而將伍爾夫的合理論及休謨的經驗論認為都是沒有批判性的，加以排斥，可以說是採用兩者的中間。認定理性這先驗性能力的同時，也認為認識的材料透過感覺從經驗獲得。

康德

培根的學問改革計劃和他以前的學問的對立關係，很類似康德的哲學和他以前的哲學的對立關係。另外，培根考慮了人類對自然的支配權的擴大，在經驗上、實際上想要促進人類的自由。相對於此，康德根據人類的理性能力，在理論上想要確立人類對自然的優勢及人格的自由。

正如前面所敘述的，康德在《純粹理性批判》的卷頭，成為培根《大革新》一書序文的一部份，因為兩者所關注的事情有很深的共通之點。

精神的輔助

根據邏輯學的破壞性部份，從精神最初的三種偶像被緩和、被排除，而且，錯誤的哲學及論證的方法被一掃而空的話，建設性部份就必須前進至「自然的解明」。而自然的狀態下人的認識能力有缺陷是顯而易見的，因此，必須考慮對它的對策，這是輔助性部份，對於感官、記憶及知性都有所輔助。

自然的解明從一切的感官開始，但感官有積極性的缺陷及消極性的缺陷。積極的缺陷含有感覺的主觀要素，並非在本有的自然而是在被特定的器官刺激的情況下，將自己本身的性質混入自然以反映自然。消極性的缺陷，是對於極其狹隘的範圍的刺激才有所反應。也就是，微妙的事物、遠的事物、快的事物、慢的事物、弱的事物、強烈的事物等等，都無法去觀察。

對這些缺陷的輔助，必須充分準備適切的自然史及實驗史。《大革新》的第三部門便相當於此。準備了這些，能隨意創造感官並加以抑制。尤其對感官消極性缺陷的輔助，《新工具》第二卷中三十八至四十三項的金言，所說明的五種事例是：

第一，被稱為「戶口的門口的事例」，強化、擴大感官的直接功能而加以修正。輔助視力的顯微鏡、望遠鏡測量器具等物品，便是屬於此種事例。

第二、被稱為「召喚的事例」，也就是無法直接感覺到的感覺，能加以感覺的手段。譬如，對象離得很遠無法知覺時，和從遠處能刺激感官的對象相結合，或者以它來代用的方法。以靈媒或乩童為媒介和遠處通信便是其實例。

第三，除了最後或一定的情形之外，大部份不會被觀察的事物及運動的持續性所指示，被稱為「道路的事例」。譬如，為了研究植物的成長，知道播種的成長過程如何去觀察，根據研究卵的孵化，知道動物胎兒的成長。

第四，感官完全看不見時，供給某種代用物，被稱為「補足或代用的事例」。舉例來說，我們不知道傳導熱的物體，但石頭比空氣更難傳熱。從石頭或類似的東西的研究，能逐漸接近不傳導熱的物體（如果有這樣東西的話），便是以上所說的事例。

第五，讓感官在自然的狀態下想起無限微妙的事情，對它的注意、觀察及充分研究的事例，被稱為「解剖的事例」。譬如，一滴墨水擴散到許多文字及字行裏、銀電鍍在長的鐵絲上便是其實例。

以上的五種輔助事例，總括稱為「燈或最初報告的事例」。

對於記憶的輔助，有觀察記錄的方法，以及製作將那記錄所必要的項目加以利用的形式整理表。那是因為自然史及實驗史是形形色色而雜亂的，如果不以適當的順序來整理、展示的話，反而會讓知性感到困惑或混亂的緣故。因此，讓知性能處理事例，以完整的方法製作事例的表格，有必要作對照。這種整理表的工作，是《大革新》的第四部門，也就是「知性的階段」的工作。

最後是對知性的輔助，它是使用真正合法的歸納法，因此這種輔助性部門，無法和邏輯學的建設性部份有明確的區別，敘述其歸納法的適合，便是包含於此輔助性部份之內。

形式的意義

探究形式的形而上學位於知識的金字塔的頂點附近，形式是培根自然哲學的終極問題，不僅如此，形式的發現是所有的探究之中最有價值的部份，也是培根全部學問的目的。

「被賦予的性質，它的形式或真正的種類差異，或是產生性質的性質，以及發現性質所產生的源泉（這些是說明事情最適切的名詞），是人類學問的功能，也是目的。」培根這樣說，他企圖改革作為發現的方法的邏輯學，本來便是「其他一切事物的鑰匙」，但特別是為了形式的發現而存在，培根對學問的全部努力可以說集中於形式的發現。

培根對形式的說明，可見於《學問的前進》、《新工具》、《學問的威嚴及壯大》等著作，但大致可以認定有兩種意義。

第一種意義是，正如前面的引文所說的，所謂的形式是種類的差異、產生性質的性質、性質的源泉。也就是說A這性質的形式，是A這性質和其他B、C等性質真正加以區別的東西，將A的性質變成A的東西，也就是A的種類差異。但是，A這性質的形式，並不是和A的性質同等，是產生A這性質的性質（能產的自然），是讓它產生A這性質的源泉。因此，A這性質和A這形式的關係變成如下：「某一性質的形式，其形式被賦予的話，其性質一定會產生像這樣的東西。因此，形式在其性質存在時也經常存在著，普遍性地暗示性質的現存，內在於此性質的一切之中。另外，形式如果消失，其性質也一定會消失，像這樣的東西。因此，當其他的性質不存在時，其形式就經常不存在，經常否定性質的現存，只有在性質之內才存在。」

換句話說，某一性質的形式，是該性質的普遍的、必然的原因。

形式真正的種類差異、產生性質的性質、性質的源泉等說明，物體或事物的某一性質在現象上只是從屬的性質而已，作為物體的本質性屬性，從屬於實體所產生的性質，這是必然的結果。即使由此想法產生出來，我們感覺上所感到的物體現象或可感性質的差異，即使是以主觀的偶然性來考慮，也應該和實體的某種差異相互對應才對。

對相異的實體性質差異的對應，成為其原因的部份，培根稱之為形式。譬如，熱的形式是產生熱的本質性屬性的原因，從其他的東西將熱這本質區別出來，所以，是熱真正的種類差異。

接著，說明形式的法則或純綷作用的法則，培根也是這樣說：「我要談論形式時，將熱、光、重量等某種單純性質，能感覺一切種類的物質及對象，加以支配、構成，是意味著純粹作用的法則及限定。因此，熱的形式或光的形式，和熱或光的法則是相同的。」

但是，此法則及純粹作用的法則，及近代自然科學的法則——事物之間普遍的、必然的關係——是不相同的。培根形容熱的形式是：「熱會被膨脹、抑制、相衝突、粒子的運動。」另外，白或黑等色彩的形式，說是充實的分子的某種排列。這便是形式，便是法則。但是，這些寧可說是（內的適當與否另當別論）事物的定義。

培根本身說形式是事物的真正定義。然而，運動的定義及運動的法則不同。不過，培根認為形式既是法則也是定義。

形式在何種意義上是法則呢？以熱或色彩的形式來說，這些形式便是粒子或分子的某種運動或排列，熱和白的程度一致，產生熱或白，有熱或白的地方一定有這種運動或排列，這種粒子或分子的運動或排列的特質，是產生熱或白這性質的必然原因，要讓熱或白呈現出來，人必須滿足形式的條件。

對培根來說，形式是為了發現某種性質而產生的，必須滿足其內容，那是指針、條件等意義的法則。

單純形式及複合形式

「我並是針對複合形式而敘述，複合形式是依照宇宙通常的過程和諸單純性質結合，譬如，獅子、老鷹、玫瑰、黃金及其他形式的事物。」如上所述，形式有單純性的及複合性的，只有單純形式才是問題的形式。

單純形式在《學問的威嚴及壯大》一書裡稱為第一級的形式。複合形式則只要知道單純形式就一定能得知。單純形式是單純性質的形式，培根所列舉的例子是感覺、隨意運動、色彩、重量、濃密、稀薄、冷、熱、光等形式。而「單純性質的形式（如A、B、C、等字母），為數很少，但必須支撐構成一切實體的本質及形式才行。」

培根所舉有關單純性質的例子，其基準也不明確，有時會感到奇怪。但是，培根根據這些以及其他少數的單純性質及單純形式，想要說明一切的物質。也就是說，物質界是由許多種類的實體所構成，但各種類從比較少數的單純性質，能和其他東西有所區別。

以黃金為例，便被認定：「黃色，一定的重量、一定的延展性、固結性、一定的流動性、特定手段的熔解性，是黃金特性的合一。」

黃金具有這些性質，黃金其他的性質，也就是具有第二次性質。外表上是多種多樣的物質界，是由比較少數的單純性質及其形式的合成所產生，認為是比較少數種類實體的混合、組合。

因此，如果我們將這些比較少數的單純性質的形式，對這些性質及形式附加的方式及性質的比例、以及加減的方法，如果能知道的話，將黃金加以合成，更進一步地，將天然所沒有的物質加以合成也有可能。將這些形式的知識善加應用的部門，是屬於自然哲學的自然幻術。

舉例來說，「知道重量以及色彩的本性，用錘子敲打會打扁；知道冷熱的本性，用火烤烤看，知道揮發性及不揮發性的人，對於某種金屬用上述的性質產生出來的適合工具，能將黃金的性質及型態附加上去。這比放幾粒藥進去，立刻將多量的水銀及其他的物質變成黃金，是更能發生的情況。」

展示的表及排除的表

探究單純形式的順序，培根以發現熱的形式的手續來表示。但他並未表示出熱作為單純性質的根據，不過，和古代希臘以來將土、水、空氣及火認為是四種元素不無關係。

第一，是熱所存的為數不少的事例。培根從太陽的光線及火焰到酷寒時所感覺的燒灼感，列舉了二十七項事例，命名為「本質及現存的表」。這是所謂的單純枚舉。但廣泛而多樣，都是熱或感熱這感覺現象現存的例子。

第二，必須知道缺少熱的事例。這樣的事例無限存在著，將這些全都列舉是無濟於事的。這些事例和熱的形式沒有直接的關聯，因此，其他的性質和熱的存在事例類似，只不過熱不現存的事例，需附加肯定性事例。譬如，太陽的光線會表示熱，但同樣是天體的月亮及星星不會令人感覺熱。培根將它附在第一項的「本質及現存的表」，列舉了這些三十二種的否定性事例，「接近的東西缺乏熱的本性的事例」的名稱便由此而來。此事例的意義，應及早警戒地從肯定性事例導出結論。

第三，是收集、展示熱以不同程度存在的事例。譬如，動物的熱因為運動而不同，而摩擦熱則因摩擦的強度而改變，同一個東西比較熱的增減，或者比較各種動物熱的比例，製作成表格，稱為「熱的程度或比較的表」，列舉了四十一項事例。

將以上的三種表，知性在展示之後，從事於排除和熱的形式無關的性質的作業。也就是說，熱存在時所看不出的性質，熱不存在時所看出的性質，熱增加時會減少的性質，熱減少時會增加的性質，將這些一一排除以外，像這種和熱的本性相矛盾的性質的排除，根據以上三種表的任何一種都無妨。在這些表中所包括的任何一項事例就很充分。

譬如，鐵會將熱傳導給其他的物體，但自己本身的重量並不會改變。因此，熱是其他物質的實體的分與或混入，應被排除。

培根實際上列舉了十四除外的例子，「從熱的形式將種種本性排除、不排除的例子」的名稱便由此而來，使用排除和熱的本質無關事物的方法，便是培根認為很得意的歸納法的特色，如以往樸素的歸納法，是重要的區別點。適當地進行此排除法之後，最後從肯定性事例能發現真實而正確的形式。

最初的收穫及實驗的檢討

以上三種展示表及排除表，在適切地完成之後，形式的發現不依存於智力的優劣，可輕易、確實地做到。但這裡有一個難題。那是首先三種展示表並沒有充分、完全的保證。因此，使用排除的表已排除了單純性質，但我們對於單純性質的概念不明確而漠視，因此，排除的表也不能說是完整的。

所以，第一，在製作展示的表時所必須的無限工作應考慮簡略化的手段。第二，必須規定單純的正確概念。因為這個緣故，為了讓知性的歸納能有所進展，有必要研究輔助手段。作為該輔助手段，培根列舉了後面所要敘述的九種。

嚴密而正確地探究形式，應根據為了知性的歸納法的輔助手段，使展示的表及排除的表能完成。即使沒有達到此地步，如果能檢討上述的三種展示表的話，可能就會有所發現。

那發現也許有謬誤，但是，將此發現考慮為假設性的東西，訴諸實驗並加以修正，便能接近真理。這種做法反而被認為是實際的。「真理比混亂更能從錯誤中被發現」，因此，從以上三種的展示表及排除表，嘗試看出一種假設性的熱的形式，培根稱之為「對於熱的形式的最初收穫」，或是「知性的專利」，或是「解明的開端」。對於熱的形式的最初收穫便是如此。

第一種的展示表，看出熱的本質是運動，進一地步像焰火的例子般，是一種膨脹運動，而且並不會一樣地膨脹，是物體的小分子之間的膨脹運動，同時被阻止、被反彈的運動。因此，「熱是被膨脹、阻止、抵抗的小分子之間的運動」，這樣獲得熱的暫定形式或真正的定義。

熱的形式的定義，是培根自然哲學中邏輯部門的形而上學所要探究的東西。現在所得到的熱的形式，是試驗性的東西，必須經過實驗或作業來檢討。這是作業性自然哲學的工作，對作業指示了以下的事情：在某種自然物體裡，引起自我擴散、膨脹的運動，並且，那擴散不均等地進展，只進行一部份，一部份則被阻止，對這種運動加以抑壓，讓它逆轉，這樣一試，如果這種作業無法產生所期待的熱時，熱的形式就被重新檢討、修正。熱的定義就被修正。但是，培根本身並未嘗試這種實驗。

知性的輔助手段

為了完成展示表及排除表所必要的知性輔助手段，培根列舉的有以下九種：(1)特權性事例，(2)歸納的輔助，(3)歸納的修正，(4)根據問題的性質研究變化，(5)關於研究的優先性質，(6)研究的界限，(7)實際的應用，(8)研究的準備，(9)一般性命題的上升階段及下降階段。

在這些當中，培根對最初的特權性事例列舉了二十七種事例。特權性事例比普通性事例更具有證明力，少數的特權性事例勝過多數的普通性事例的收集，因此需特別注意，具有一種優先權的事例的意味，所以，事例的收集變得簡略，並且變得適切。

舉例來說，研究某色彩時，在其本身裡面和外部的牆壁產生有色的三菱鏡，和花、寶石、礦物及其他有色的事例一樣，除了顏色之外，就沒有任何共有的東西。從這點使三菱鏡的顏色孤立來從事研究，顏色是被投射、反射之前映像的變化，很容易可以推定。

培根將三菱鏡的例子稱為特權性事例中第一項孤立的事例。以下，有某種性質時而出現時而消失的移動的事例，出現最強烈現象的明示的例子，將二十七種在《新工具》第二卷的大部份作了說明。

其他的八種輔助手段，只列舉了名稱，實際上並未作說明。更需要的輔助是事物的概念——尤其是單純性質概念——應明確化，將排除表製作得很適切，但這點培根似乎沒有考慮到。

培根的歸納法

培根的歸納法有何特色，在他本身的說明中已經明白地表示出來，但福威拉將它整理如下：

⑴追問事實，收集起來，直接接觸自然，在一般命題形成之前，主張：強調觀察及實驗的必要性。

⑵從比較低層次的命題或公式，向著比一般性命題更高的階段上升。

⑶從代替單純枚舉的古老歸納法，選擇、比較事例。

⑷忽視權威。

⑸空想的限制。

羅素根據自然史收集了龐大的事例，逐漸使用排除法，為了附加一般性，慢慢地依照階段前進，引導確實性，這是他的特色。

那麼，以上具有如此特色的培根歸納法，其價值、有效性又如何呢?關於這點，許多學者都採取否定的態度。前面所列舉的羅素，對培根的方法中一般性想法的重要性及真理性雖很肯定，但他也指出了兩項大缺陷。也就是，缺乏進行作業時使用的概念的妥當性及明確性，沒有任何保證，以及為了事例的完整需要龐大的收集，因此，實際上是不可能實現的。

培根也發現了這兩項缺陷，前面已敘述過，他將缺陷的對策作為知性的輔助手段作了一番研究。但是，實際上無法考究。

羅素又對以上的兩個結論敘述如下：「培根誤解了一切科學進步所依存的假設的真正性質及機能，批評了作為實驗證明的本質手段的演繹法。科學的發現與證明的方法無法遵循《新工具》第二卷的方法。」拉塞爾也強調培根歸納法的缺陷，在於假設的不充分，輕視科學上演繹法及數學的角色。

培根也認定熱的形式是暫定的假設，是根據實驗加以修正，逐漸接近完整的東西。但是，培根所缺乏的假設，是他從經驗或經驗的諸事實所導出的歸納性結論，認為是假設性的東西嗎？並非這個意義。

培根所缺乏的假設是，領先歸納性程序所收集的事例適切與否，為了判別時所必要的假設。或者，像伽利略或牛頓那樣，由少數的事實所擬定，然後，被經驗檢證的假設。

也就是說，伽利略以數學的方法對太空中的落體作理論的分析，加上推論，擬定預測能得到的結果。接著將金屬球放在斜面滾動作實驗，證明假設的正確而發現落體的法則。或是，根據達爾文的原子說，說明了一切的化學現象，以說明一定現象的統一性為目的的假設。

培根並非完全不認同前面所說的假說的意義。一六〇四年在《有關物體性質的考察》一書中，支持達謨克特的原子論。但是，自從脫離原子論將關心轉移到形式的研究，為了發現形式，將自己的歸納法認為是直接問道於自然，排除一切假設的空想。

一六一二年的《天體的理論》一書中，為了駁斥一切天文學的假設而加以否定，一六二〇年，對於哥白尼的地動說，反對它沒有相當的實際存在的運動。培根對假說的反對，正如布洛特所說的，是強調「為了不會有偏見接近事實」的結果，是他極端的寫實主義所造成的結果。另外，混同想像力及空想的結果，無法瞭解創造力、想像力也是一項原因。

伽利略及牛頓從假說導出分析的、演繹的結論，實驗結論是否為事實。在檢討演繹的推論及實驗時，以數學作為道具，以數量關係來說明數量關係。十七世紀時科學的進步，是根據伽利略及笛卡兒所代表的數學性演繹法而達成的。培根在量的計測上，認定數學是對諸學問有用的輔助手段。然而，也更認為數學是矯正人類智力的缺陷有用的附帶性效用，加以注意。

對於演繹法，除了根據歸納法所導出的結論，或實際應用一段命題之外，不認定它的價值。要研究自然，發明、發現完全排除了演繹法。科學的研究無法充分瞭解演繹法以及數學的本質性意義。

「大事業最初的角色」

正如專家們的指摘，培根的歸納法本身就有缺陷，而且近代自然科學上的發現、發明看不見根據培根的歸納法。然而，從權威獲得解放，不靠空想，直接接觸自然，尤其強調了實驗的價值，關於這點，在培根之前並沒有超越他的人。實驗科學可以說是和近代科學意義相同。培根對之前粗淺、單純枚舉的樸素歸納法作了一番批判，根據組織性的觀察、實驗，主張科學性、方法性的歸納法，其功績應被認定。

《新工具》這本著作出版二百二十多年之後，約翰・史基特・密爾在其大著《邏輯學體系》中提及：

「培根的著作，包含了幾項歸納法最重要的原理，但自然研究現在遙遙領先培根歸納法的概念。道德性、政治性的研究，還遠遠落在此概念的後面。對這些問題目前的推論模式，和培根所抗辯的一樣有害。也就是說，這些問題所使用的歸納法，顯然是根據培根所非難的單純枚舉。或者，根據某一學派、黨派所主張的經驗，仍然認為培根所說的只是少數。」

培根的主張有許多弱點，他自己本身也不認為是完整的。他說：「為了未來的時代，種下更純粹的真理的種子，能開始擔任大事業最初的角色，我就感到滿足了。」

十七世紀科學的進步是由笛卡兒及伽利略的數學性演繹法所達成，但培根式的質的歸納法，卻被應用於十九世紀發達起來的地質學、生物學。

培根所遺下的東西

其他的諸部門

培根著作計劃中的第三部門，是《作為哲學基礎的自然史及實驗史，或宇宙的諸現象》，本來個人的力量無法期望能完成。和《大革新》合併出版了《對自然史及實驗史安息的前夕》。「安息日的前夕」這名稱，是借用拉丁文新約聖經中「Parasceve」一字而來的譯語，猶太教為了安息日而準備的一個神聖日子，選擇這個意義作為書名，這本由十項金言、一百三十項自然史及實驗史所構成的小著作，只是表示製作自然史及實驗史的指針而已，以及暗示如果自然史及實驗史一旦完成的話，對人類來說可以說是一種安息日般的新時代開始了。

培根如何重視自然史及實驗史，在此著作的序他這樣說：

「如果沒有自然史及實驗史的話，縱使全球為了哲學的研究變成學校宿舍，什麼都不會發生。相反地，這些歷史一旦被完成了，自然及對學問的探究，只是

二、三年的工作罷了。」

這本小著作《安息日的前夕》的序文中，遵循《學問的前進》對自然史所作的三種區分，從一至二十一項，是有關要素諸部份的項目。二十二至二十五項，是有關四種要素的項目。二十六至四十項，是有關各種的項目。四十一至一百二十八項，是有關人性及諸技術史的項目。一百二十九至一百三十項，是有關自然史、數及型態的力量的項目。然後他又說：「現在有許多關心的工作，只有列舉項目的目錄的餘暇而已。」

《安息日的前夕》出版二年後，培根著述了《作為哲學基礎的自然史及實驗史》。在序文中他提及：如果神賜給我餘命的話，我發誓要每月持續寫作，直到完成自然史為止。又說：「自然史是一切知識及作業的鑰匙。」預定有風、濃和密、重和輕、事物的同感和反應、硫黃和水銀及鹽、生和死以上六種項目的自然史。其中《風的自然史》包括了其他四種自然史的序文首先出版。一六二三年則有《生和死的自然史》的問世。

《風的自然史》是從古代到當時各地域對風的稱呼開始，達到三十三項的論題。《生和死的自然史》，是培根以醫學的三種任務中的延命術為主，例舉了許多長壽的例子，從這些生活方式當中，想嘗試發現某種特色。

一六二四年所寫的《資料的森林》，是將全部區分為十世紀，總計由一千個項目所構成的大部頭的著作。各項都由一個至數個事實的記述，和此現象的原因的說明。這些事實有的是培根本身的觀察，有的則是由傳聞或各種書籍所得來，沒有整齊地分類，是雜亂的收集。

屬於第四部門的著作，有《知性的階段》。這是一本有序論的簡短著作，在此書中他提及：「將在第二項著作的規則所敘述的真實而合法性的研究實例，根據種種主題來表示、敘述的事項，提案出來。」所謂第二項著作，便是指《新工具》而言。接著又說：「但只敘述本論，如果有其他人事幫助我的話，便能輕易地完成。」本論沒有敘述完便結束了。因此，培根認為第四部門的實例，是在《新工具》中闡述的發現形式的程序。

屬於第五部門的《先驅者》，是一六〇七年以後的著作，但只是極其簡短的序文而已。在這篇短文中他這樣說：「如果下定決心要排除這偶像，從真正的自然史學習以取代書籍的話，只擁有平凡能力的人，也能探究自然的奧祕。」此部門正如前面所說過的，直到新的歸納法哲學完成為止，是以古老的方法發現自然史的過渡性方法的部門，但在《先驅者》中沒有表示實際的情形。

一六一二年的《天體的理論》，和被認為可能是同時間所寫的《關於漲潮和退潮》則表示了實例。前者反對伽利略的地動說，主張天動說。也就是說，由以下的事實捨棄了邏輯性、數學性的精妙，主張全體及休息不被排除於自然才是合理的，其事實便是，天體運動的激烈及速度逐漸緩和下來，看來似乎達到了不動的狀態，和天體有關的休息，如果不動而被排除的話，天體的系體可能就會被解體，而且如果有被動的密集體存在時，這正是大地球，這些事情也不必去證實，對其他天體的系體，天體的運動加以討論：「這些事情是根據自然史及自然哲學的線索來理解的。」如此作了結尾。

以上便是培根所計劃、實行的五部門的著作概要。

培根的科學知識

培根比任何人都強調實驗的重要性，但以自己所進行的實驗來說，卻招來了致死的疾病，對於在動物的內臟填裝雪塊，想要試驗是否可以防止腐敗。但是，培根只不過是個科學評論家，他的科學知識，以當時的水準來看是落伍的，他終身都相信天動說，不接受地動說，並將後者視為假設予以否定。他的根據是，自然不排除休息，而如果有休息的話，地球是最適合的。對於喀布爾的行星法則，以及伽利略對漲潮、退潮的天文學說明——多少有些動搖——但予以否定。

英國人吉伯特對磁石的研究，是培根式歸納法的實例，但是，培根卻以吉伯特的研究作為洞穴偶像的實例。也就是說，從少數的實驗，創造出大膽的哲學的例子。又將吉伯特根據摩擦創造的靜電現象說成捏造的故事，說明它是因摩擦而產生的物體慾望。哈維的血液循環說從實證及歸納法推理，也可被認定是培根主義，但他予以否定，將血液循環說明為振動運動。

培根不認為物理性的運動是機械性的、量的、事實的東西。那是因為他認為物體有愛好、嫌惡、迴避、支配、休息、欲求。他的學問分類中包括了夢的解釋、預知、魅惑，沒有迷信。

對天文學的理論的反對，培根將精神投注於數學的觀察及論證，對於數學論證的價值的不瞭解，被批判是他的方法最大的缺陷。但對培根的天文學的批判並非沒有這種缺陷。他的天體運動除了圓周運動之外，也認為也許有螺旋運動及橢圓運動。螺旋運動現在聽來也許會覺得很稀罕，但當時的哥白尼甚至也採用了，對於相信完全圓周運動者的批判是正當的。

培根和笛卡兒

培根和笛卡兒並列為西洋近代哲學所對立的二大傾向的代表者，被認為是他們的源流。

培根以知識的有用性為基礎，笛卡兒則想根據知識的明確性重建學術。在方法上，培根是根據實驗及歸納法，笛卡兒則根據理性及演繹法。但是，這兩人雖處於對立的局面，卻有許多的共通點。兩人都對古老學問的發展方向徹底地抱持疑問，倡導必須完全重新出發的理論，是學術上的激進革新者。但是，兩者都對社會生活採取保守的態度，尊重傳統的道德。他們的思考方法，從第三者看來，似乎否定的存在是邏輯的必然結果，但實際上並未否定神。寧可說，他們都各自信奉著自己國家的宗教。

笛卡兒

徹底反駁學術錯誤的培根，和從懷疑一切

事物開始的笛卡兒，兩者有不同之處，對人類謬誤的原因及治療有關的事項，培根的論調（偶像論）更詳細、深遠而更見光彩。培根想要從單純性質的形式來說明一切物體的性質及現象，和笛卡兒想從更單純、明晰的事項加以說明，互相吻和。

幾何學及力學的革新，在數學的論證上，遠超過培根，但對於實驗及歸納法卻是無力的，讓位給培根。兩者是長短互補的關係。

《新亞德蘭迪斯》

根據各種學問的改革，完成人類樂園的實現，是培根一生的夢想，也是他努力的目標。為了這個目標，他指摘各種學問的缺陷，指示改革的方向，致力於和新的研究方法有關的著作。然而，學問改革的事業只靠個人的努力來完成是不可能，需要許多人長期計劃性、組織性的協力合作。他希望在世俗地位獲得陞遷的理由之一是，為了得到進行這項事業的有利地位。

對於組織性研究設備的必要性，培根曾在種種機會中說過。一五九四年的作品《葛萊公會法學院的態度》中的第二顧問官，作勸告的演說，對於和哲學的研究有關的四項勸告。

第一是更完整而全盤性地收集圖書。第二是建設相當於宇宙自然縮影的廣大自然園，在其中栽種各地的植物，飼育各種的動物。第三是利用人工或自然的偶然，創造出收集新奇事物標本陳列室。第四是設立具備各種的器械、設備的「賢者之石的宮殿」，也就是最適合的實驗所。

一六〇八年，在他就任法務次官翌年的備忘錄，可以看見以下的備忘。也就是西敏寺、溫徹斯特，尤其劍橋及牛津的學院，設立學者、文學家聚會的場所，想找時間向國王、大主教及財政大臣遊說。同時，對於研究、編輯者退休金的給付，過去及將來的發明家的雕像裝飾於迴廊、圖書館、機械、器具室，召集眾人訂出協力合作的規則，研究、實驗的規程及訓練，以及許可為了研究及實驗的旅行，和外國大學的通信、交流，研究以發明為目的的大學構想，都留在筆記裡。

一六二〇年《大革新》中對國王的獻辭，也是想懇求詹姆斯一世，考慮從事自然史及實驗史的編纂事業。而同年的《安息日的前夕》一書裡，正如前面所說過的，如果完成自然史及實驗史的話，對自然及學問加以探究的工作，只不過是數年的工作而已。

長久留在培根念頭中的組織性研究機關，一六二四年寫成，一六二七年作為《資料的森林》的附錄而公開刊行的《新亞德蘭迪斯》的蘇洛莫學院裡，活生生地描寫著。

《新亞德蘭迪斯》是布萊恩在《達瑪伊奧》中提及的沉沒於大西洋海中的樂園，借用《亞德蘭迪斯》之名。培根認為新亞德蘭迪斯是太平洋之上方圓五至六百英哩的一個島，島上有名為貝沙雷姆的國家。

蘇洛莫學院的長老曾說過，探究事物的原因及隱藏著運動的有關知識，以擴大人類帝國的領域為目的，其中有地下實驗室、氣象、天體觀測所、魚鳥飼育所、人工溫泉、果樹、菜園等等，具有一切研究及實驗的設備不用說，這個新亞德蘭迪斯，也是科學家所指導的社會。因此，學院的長老便是貝沙雷姆國政的指導者。這個國家的人們有虔誠而善良的品性，沒有不和或爭鬥，保持完整的秩序。《新亞德蘭迪斯》在未完成的情況下留給了後世，但為了實現培根的計劃所必要的社會、政治組織，便是《新亞德蘭迪斯》所描寫的景況。

皇家學院及《百科全書》

《新亞德蘭迪斯》並不僅是烏托邦故事而已，培根死後三十多年所設立的「皇家學會」（Royal Society），是《新亞德蘭迪斯》的蘇洛莫學院所表現的科學研究組織的實現。這是倫敦的科學家們為了推展自然科學的組織，提出設立的提案，根據一六六二年查爾斯二世的詔書而認定的「皇家學會」，目的即在於「增進自然的知識」。初期的會員有化學家波義耳。皇家學會在往後的三個世紀，從事於科學的研究、應用、普及，對知識的貢獻是難以計數的。

一六六七年，皇家學會由湯瑪斯·史布蘭特記述了最初的歷史，書中寫著：「皇家學會是法蘭西斯·培根的哲學性勞作中最早的實際成果。」初期的會員（並非所有的科學家都是會員）從培根的著作中，受到極大的影響。一六六三年的「皇家學會規約案」中，顯示了研究的部門受到培根強烈的影響。

他的影響不僅限於國內，一六六六年法國在路易十四的庇護之下所設立的巴黎科學院，也受到培根著作的影響。採用培根編纂自然史的提案，編纂動植物的自然史，以及器械及發明的目錄。更進一步地，以狄德羅、達拉貝爾為中心，一七五一年至八〇年所刊行的《百科全書》，包含了對法國大革命產生知性刺激的科學、技術、製造工業，也受到培根自然史及實驗史的影響。

狄德羅及達拉貝爾將編纂百科全書的靈感源泉，歸功於培根、笛卡兒、牛頓、洛克等人，但在序文中敘述如下：

「在這些名人的前面，當然，英國的大法官、永恒的法蘭西斯・培根必須提及才行，他的著作被知道的太少，如果有正當的評價，與其讚賞不如被熟讀。這位巨人公正而偉大的見識，研究對象的多樣性，文體的強有力，崇高的形象，如果都嚴密而正確地加以考慮的話，認為他是一切哲學家中最偉大，被評價為世界性的雄辯人才，我們百科全書的企劃，主要是借助這位大作家的著作。」

培根的十項功績

弗威拉將科學及培根影響的性質，整理為以下的十項。

第一，培根以先驅者的聲音，使人們依照自然，探究其道路，希望人們遵循此過程，他比任何人都大聲疾呼。

第二，利用實例及金科玉律，主張觀察及實驗的重要性。當時，也進行了實驗，但和鍊金術士相關聯，範圍有所限定。培根將實驗擴大為自然研究的一般，提高其價值。皇家學會的波義耳、牛頓受到影響自不待言。

第三，培根以對初次外在自然事實的研究作為主題，他的主張促進了對精神、行為、社會等事實的研究，對十世紀末以後的精神、道德、政治哲學的歸納性研究，成為英國思想的特色。

第四，自由研究所必要的，是從有害的權威中，解放人類的精神。中世紀有位羅茲•培根，便是主張研究獨立性的人士。然而，並沒有培根這樣，明確、銳利地將其效果告訴人們，喚醒人們的人。對於促進知性革命的影響，在他之前的人都無法和培根相提並論。

第五，不輸於從權威的束縛解放出來的重要事情是，從想像的魔力解放的理性。牛頓曾說：「自己不作假設。」也是受到培根的影響。培根對假設的想法有太過之處，也有需要修正之處。但是，喪失權威時，人走向想像陷入假設過剩的情況，對他的時代來說是痛切必要。

第六，當時所使用的是盲目、不確實的歸納法，相對地，他所改革的邏輯學有以下的特色。也就是說，具備證明力，成為基礎的事實是確實的話，作為三段論法的前提能給予堅固的基礎。以事實的體系分析及歸納的證據而來的整理，這種培根的歸納邏輯學和當時的自然歸納法，被區分開來。但是，它比亞里斯多德的演繹邏輯學，更被後世修正、添加。

第七，培根對以下的事情反覆敘述，那便是：「事例不僅是指收集而已，必須加以選擇才行。」這條格律的真實，也是歸納法的重點。無論是怎樣的原理，根據什麼樣的原理來選擇事例，利用任何手段讓事例充分滿足，這是相當困難的問題，培根也一再提及。羅勃・霍克將培根的規則再次呈現，約翰・哈西爾、J・S・密爾則加以修正、公式化。

第八，將科學研究作為實際目的，也就是為了提高人類的地位，以及人生的安樂及便利，遵循支配力的擴大，給予後代很深的影響。當時的優秀人士們論爭著許多愚蠢的問題，如果合併考慮民眾悲慘的狀態，偉大的政治家、哲學家將人類的知識資源利用於改善人類的物質條件，並不值得吃驚。

第九，培根對事物充滿著希望，也是對他產生影響的一大要素。未來比過去更好，現在的勞苦會帶來下一代生活的改善，這種確信，是人類健康的本能。以這種確信來強烈鼓舞人們，培根在這方面的努力尚無人可及。

第十，作為這些影響的源泉，必須列舉用詞的精妙。他的用詞華麗、莊重又威嚴，讓人忘卻、反駁都是不可能的。他的語法，正如偶像論及事例所使用的，風格與眾不同，同時更具魅力，能深深留在人們的記憶裡。具有如此活力的作者實在很稀罕，他可以說是英國的蘇格拉底。

目標的偏差

培根在一六○三年，他四十二歲時的著作《自然解釋的序論》一書中，對自己的人生目標，自己的性格及能力，有關生活的自我評價、反省敘述如下。

也就是說，他確信自己本身是為了奉獻人類而出生，為了改善人類的生活，他認為貢獻於新學問、資產、必要品的發明是最重要的工作，而他敘述這項工作對他自己本身來說是再適合不過。

然而，由於自己的家世及對國家的忠誠心，他對於自己最適合、最想奉獻的工作，為了獲得援助，目標更向著公職地位的陞遷。他曾坦誠，這項目標稍有偏差，因此，以培根的生涯來看也是如此。

培根對世俗慾望非常恬淡，但他並不是完全埋首於研究，對地位及財富的欲求比別人強上一倍，所以，會有挫折、失敗。然而，他對財富及地位的慾望，除了由於性格、境遇的因素之外，另一個原因，是為了能讓他那偉大而高貴的野心順利地進展。

他高貴的野心，便是以正確的目的及方法重建學問，增進人類的福祉。但培根暗示學問的目的，在於為人類創造福祉，對支配自然改善人類現在的狀態有效的才是真正的知識，值得冠上學問的名稱。

他將重建學問的全部計劃稱為「大革新」。這個名稱，是他在《論說文集》中最能表現倫理善、實行人類愛，為聖經信仰所支撐。

為學問的目的正確地定位之後，必須利用正確的方法。那是脫離對古代的尊敬、偉人的權威、一般的常識觀念等束縛，遵循事實本身。他將這稱為新的歸納法，也就是《新工具》。他認為此方法不僅是在自然研究方面，對於一切的學問也都能適用。他一再認為，學問是相連的一支樹幹的一體，諸學問的協力合作，會為人類帶來福祉。

培根的學問計劃，原本具有未完成的提案的性質。另外，他的科學知識以當時的水準來看有比較不夠的地方，他所提案的研究中，現在已失去了科學的地位

——譬如，觀相術、夢的解釋等——他作為發明學問及技術的方法新歸納法，在過程上也有許多缺點。然而，靠著公正的自我批判，他從偶像論中解放出來，認為從經驗所獲得的結論是假設，將訴諸於實驗、探討的過程加以一般化，他的方法之精神所在，可以作為一切研究的基本。

他雖然不是新方法的創始者、科學上的發現者，但卻是科學精神的鼓吹者。他認為學問是人類歷史的新勢力，推進產業技術的發展，成為對支配人類命運的洞察力，其概括性既徹底又適切，在這點培根比同時代的任何人都來得偉大。

和理論的領域相比，實踐性學問領域的主張比較保守。對於科學是在時代的預感之下，站在人類的立場，不拘泥於傳統，作為自由思想家，作批判、改革、勸告的提案。

但在政治的領域，他是強大國家、有力王制的擁護者。然而，知識的增進就會帶來人類進步的歷史想法，從哲學的傳統形而上學獲得解放，倫理學和宗教分離的傾向，對世界的幸福及世俗的成功的肯定，都朝向新時代的原則。

培根年譜

西曆	年齡	年譜	關係事件及參考事項
一五六一		一月二十二日掌璽大臣尼古拉斯・培根和其續絃妻子安妮・寇克的第二個兒子，生於倫敦史特拉恩的約克府。	瑪麗回到蘇格蘭，和伊麗莎白女王之間展開抗爭。
六三	2		起草英國教會的信仰信條三十九條。
六四	3		莎士比亞出生。
六八	7		瑪麗被幽閉。
六九	8		英國的舊教徒發生叛亂。
七〇	9		伊麗莎白女王被羅馬法王逐出教會。
七一	10		公佈信仰信條三十九條。
七二	11		聖巴索羅繆祭日發生大屠殺。
七三	12	四月，入劍橋大學就讀（三一學院）。	
七五	14	十二月，沒有取得學位，離開劍橋大學。	
七六	15	六月，入葛萊公會法學院就讀。	

		九月，隨英國駐法大使埃米亞斯・葛萊到法國。在法期間發明了密碼記述法。	
一五七九	18	二月，父親尼古拉斯遽死，三月，從法國回國。	
八一	20		為了貿易設立了土耳其公司。
八二	21	獲葛萊公會法學頒授下級律師的資格。	
八三	22		哈弗里・吉爾伯特佔領了紐芬蘭。
八四	23	十一月，伊麗莎白所召集的第五國會，成為密爾卡里茲所選出的下院議員。	許可威爾達・羅里伊的北美殖民事業，佔領北卡羅萊納州。
八五	24	此時，關於哲學的再興，著述了《時代最偉大的誕生》一書。	英格蘭軍入侵荷蘭。
八六	25	成為葛萊公會法學院的幹部。獲得星法院辯護人的資格。伊麗莎白所召集的第六國會，成為特奧德恩所選出的議員。	天主教徒哈畢特發生暗殺伊麗莎白女王未遂事件。
八七	26		執行瑪麗的死刑。

一五八八	27	擔任葛萊公會法學院的講師。 十一月，伊麗莎白女王所召集的第七國會，成為利物浦所選出的下院議員。	八月，西班牙的無敵艦隊被殲滅。
八九	28	被授與星法院書記的繼承權。	
九一	30	此時，和艾塞克斯伯爵認識，以後受到他的照顧。	
九二	31	寫假面劇的劇本《知識的讚賞》。	
九三	32	被封為伊麗莎白女王的顧問官。 伊麗莎白女王所召集的第八國會，成為密特爾塞克斯所選出的下院議員。 因有關政治獻金的演說招致女王的不悅，被禁止接見。	有關王位繼承權的發言，數名國會議員因而入獄。 公佈國教遵奉法。
九四	33	由於艾塞克斯伯爵的推舉，欲擔任法務長官、法務次官，但都失敗。 寫假面劇的劇本《葛萊公會法學院的態度》	愛爾蘭發生迪洛恩伯爵的叛亂。
九六	35		艾塞克斯伯爵在卡達斯擊敗西班牙艦隊。
九七	36	發行《論說文集》第一版，著述《善與惡的特色及神聖的思索》。	國會發生反獨佔的論爭。 艾塞克斯伯爵攻擊亞索雷

年	年齡	培根事蹟	歷史事件
一五九八	37	被任命為伊麗莎白女王的特別顧問官。	斯的西班牙艦隊。
九九	38	伊麗莎白女王所召集的第九國會，成為沙薩布特恩所選出的議員。 反對莊園土地化法案，支持上納金法院。	姨父威廉・塞西爾逝世。 艾塞克斯伯爵為了平定迪洛的叛亂遠征至弗爾拉恩特。遠征失敗，命令艾塞克斯伯爵回國。
一六〇〇	39		設立東印度公司。
〇一	40	參與艾塞克斯伯爵的審判，培根支持有罪的一方。 和普通法的大家愛德華庫克發生爭執。 伊麗莎白所召集的第十國會，成為塞特奧爾巴斯所選出的下院議員。反對撤回耕地法及禁止獨佔法案。	二月，艾塞克斯伯爵被處刑。 葡萄牙人發現澳洲大陸。 五月，哥哥安東尼逝世。
〇三	42	成為詹姆斯一世的學識顧問官，被封為諾伊爵士。	三月，伊麗莎白女王駕崩。七月，蘇格蘭的詹姆斯六世，即位為英格蘭的詹

一六〇四	43	著述《關於自然解釋的序言》、《時代勇敢的產兒》。寫《學問的前進》的第一卷。詹姆斯一世的第一國會，成為英格蘭和蘇格蘭的統一有關的委員之一。著述《有關物體性質的考察》、《有關人類知識的考察》。	姆斯一世。
〇五	44	秋天，出版《學問的前進》。	想要毀滅國王及國會的火藥陰謀事件被發現。
〇六	45	五月，和愛麗絲·巴南結婚。	詹姆斯一世無視於國會，課征各種稅收。蘇格蘭的老派牧師被放逐。
〇七	46	六月，被任命為法務次官。《大革新》的構想形成。著作《革新的第二部概略及議論》、《探究的規則》、《思索及結論》。	
〇八	47	著述《對諸哲學的反駁》。繼任為星法院的書記。	
〇九	48	寫《新工具》的預備草案。發表《古代人的智慧》。	詹姆斯一世在國會公開發表主權神授說。

一六一〇	49	母親安妮・寇克逝世。參與規劃紐芬蘭的漁業殖民事業	伽利略觀測木星的衛星、月亮的斑點、太陽的黑點。喀布爾的法則為英國人所熟知。
			刊行「欽定英譯聖經」。
一二	51	刊行《論說文集》第二版。著述《知識的地球儀的區分》、《天體的理論》。被任命為專利權法院的推事。	表弟羅勃・塞西爾逝世。
一三	52	被任命為法務長官。寫「召集國會的理由」及「對召集國會的勸告」，勸詹姆斯一世和國會進行協調。	英國的使節訪問日本，兩國開始通商。
一四	53	擔任詹姆斯一世第二國會的下院議員，因為是特例，被認定其法務長官的兼職。	
一五	54	參與清教徒牧師畢基姆不敬事件的審問。	
一六	55	參與沙瑪西特伯爵事件的審問。六月，被任命為樞密顧問官。	莎士比亞逝世。愛德華・庫克被免除國家法院長官的職務。
一七	56	三月，被任命為掌璽大臣。《論說文集》、	哈維發表血液循環說。

一六一八	57	《古代人的智慧》被翻譯成義大利文。一月，被任命為大法官，七月，被封為威爾拉姆男爵。	歐爾達・羅里伊以叛亂罪名被處刑。三十年戰爭開始。
一九	58	《論說文集》被翻譯成法文。	
二〇	59	發表《新工具》的主要部份《大革新》。	
二一	60	一月，被封為塞特奧爾巴斯子爵。詹姆斯一世的第三國會中，專利權成為討論的問題。三月，上院調查，五月，被宣告收賄之罪。六月，由監禁刑罰獲得釋放。十月，隱退於肯拉貝利。	
二二	61	出版《亨利七世的統治史》。寫包括《風的自然史》的《自然史及實驗史》。	
二三	62	寫《生與死的自然史》。《學問的前進》的增訂版，並翻譯成拉丁文。出版《學問的威嚴及壯大》。	
二四	63	寫《資料的森林》、《新亞德蘭迪斯》。	詹姆斯一世在第四國會公佈了獨佔條例，限制國王

			的專利權授與。
一六二五	64	出版《論說文集》第三版。	三月，詹姆斯一世駕崩，查爾斯一世即位。
二六	65	三月末，在前往倫敦郊外的哈伊庫特途中，因惡寒而病倒。四月九日，復活節的早晨永眠於外甥的臂彎中。	
二七		出版《資料的森林》、《新亞德蘭迪斯》。	

大展出版社有限公司
品冠文化出版社

圖書目錄

地址：台北市北投區(石牌)
致遠一路二段 12 巷 1 號
郵撥：01669551＜大展＞
19346241＜品冠＞

電話：(02) 28236031
28236033
28233123
傳真：(02) 28272069

・熱 門 新 知・品冠編號 67

1.	圖解基因與 DNA	（精）	中原英臣主編	230 元
2.	圖解人體的神奇	（精）	米山公啟主編	230 元
3.	圖解腦與心的構造	（精）	永田和哉主編	230 元
4.	圖解科學的神奇	（精）	鳥海光弘主編	230 元
5.	圖解數學的神奇	（精）	柳 谷 晃著	250 元
6.	圖解基因操作	（精）	海老原充主編	230 元
7.	圖解後基因組	（精）	才園哲人著	230 元
8.	圖解再生醫療的構造與未來		才園哲人著	230 元
9.	圖解保護身體的免疫構造		才園哲人著	230 元
10.	90 分鐘了解尖端技術的結構		志村幸雄著	280 元

・名 人 選 輯・品冠編號 671

1.	佛洛伊德	傅陽主編	200 元
2.	莎士比亞	傅陽主編	200 元
3.	蘇格拉底	傅陽主編	200 元
4.	盧梭	傅陽主編	200 元

・圍 棋 輕 鬆 學・品冠編號 68

1.	圍棋六日通	李曉佳編著	160 元
2.	布局的對策	吳玉林等編著	250 元
3.	定石的運用	吳玉林等編著	280 元
4.	死活的要點	吳玉林等編著	250 元

・象 棋 輕 鬆 學・品冠編號 69

1.	象棋開局精要	方長勤審校	280 元
2.	象棋中局薈萃	言穆江著	280 元

・生 活 廣 場・品冠編號 61

1.	366 天誕生星	李芳黛譯	280 元

2.	366 天誕生花與誕生石	李芳黛譯	280 元
3.	科學命相	淺野八郎著	220 元
4.	已知的他界科學	陳蒼杰譯	220 元
5.	開拓未來的他界科學	陳蒼杰譯	220 元
6.	世紀末變態心理犯罪檔案	沈永嘉譯	240 元
7.	366 天開運年鑑	林廷宇編著	230 元
8.	色彩學與你	野村順一著	230 元
9.	科學手相	淺野八郎著	230 元
10.	你也能成為戀愛高手	柯富陽編著	220 元
11.	血型與十二星座	許淑瑛編著	230 元
12.	動物測驗—人性現形	淺野八郎著	200 元
13.	愛情、幸福完全自測	淺野八郎著	200 元
14.	輕鬆攻佔女性	趙奕世編著	230 元
15.	解讀命運密碼	郭宗德著	200 元
16.	由客家了解亞洲	高木桂藏著	220 元

・女醫師系列・品冠編號 62

1.	子宮內膜症	國府田清子著	200 元
2.	子宮肌瘤	黑島淳子著	200 元
3.	上班女性的壓力症候群	池下育子著	200 元
4.	漏尿、尿失禁	中田真木著	200 元
5.	高齡生產	大鷹美子著	200 元
6.	子宮癌	上坊敏子著	200 元
7.	避孕	早乙女智子著	200 元
8.	不孕症	中村春根著	200 元
9.	生理痛與生理不順	堀口雅子著	200 元
10.	更年期	野末悅子著	200 元

・傳統民俗療法・品冠編號 63

1.	神奇刀療法	潘文雄著	200 元
2.	神奇拍打療法	安在峰著	200 元
3.	神奇拔罐療法	安在峰著	200 元
4.	神奇艾灸療法	安在峰著	200 元
5.	神奇貼敷療法	安在峰著	200 元
6.	神奇薰洗療法	安在峰著	200 元
7.	神奇耳穴療法	安在峰著	200 元
8.	神奇指針療法	安在峰著	200 元
9.	神奇藥酒療法	安在峰著	200 元
10.	神奇藥茶療法	安在峰著	200 元
11.	神奇推拿療法	張貴荷著	200 元
12.	神奇止痛療法	漆 浩 著	200 元
13.	神奇天然藥食物療法	李琳編著	200 元

14. 神奇新穴療法	吳德華編著	200 元
15. 神奇小針刀療法	韋丹主編	200 元

・常見病藥膳調養叢書・品冠編號 631

1. 脂肪肝四季飲食	蕭守貴著	200 元
2. 高血壓四季飲食	秦玖剛著	200 元
3. 慢性腎炎四季飲食	魏從強著	200 元
4. 高脂血症四季飲食	薛輝著	200 元
5. 慢性胃炎四季飲食	馬秉祥著	200 元
6. 糖尿病四季飲食	王耀獻著	200 元
7. 癌症四季飲食	李忠著	200 元
8. 痛風四季飲食	魯焰主編	200 元
9. 肝炎四季飲食	王虹等著	200 元
10. 肥胖症四季飲食	李偉等著	200 元
11. 膽囊炎、膽石症四季飲食	謝春娥著	200 元

・彩色圖解保健・品冠編號 64

1. 瘦身	主婦之友社	300 元
2. 腰痛	主婦之友社	300 元
3. 肩膀痠痛	主婦之友社	300 元
4. 腰、膝、腳的疼痛	主婦之友社	300 元
5. 壓力、精神疲勞	主婦之友社	300 元
6. 眼睛疲勞、視力減退	主婦之友社	300 元

・休閒保健叢書・品冠編號 641

1. 瘦身保健按摩術	聞慶漢主編	200 元
2. 顏面美容保健按摩術	聞慶漢主編	200 元
3. 足部保健按摩術	聞慶漢主編	200 元
4. 養生保健按摩術	聞慶漢主編	280 元

・心 想 事 成・品冠編號 65

1. 魔法愛情點心	結城莫拉著	120 元
2. 可愛手工飾品	結城莫拉著	120 元
3. 可愛打扮 & 髮型	結城莫拉著	120 元
4. 撲克牌算命	結城莫拉著	120 元

・少 年 偵 探・品冠編號 66

1. 怪盜二十面相	（精）	江戶川亂步著	特價 189 元
2. 少年偵探團	（精）	江戶川亂步著	特價 189 元

3. 妖怪博士	（精）	江戶川亂步著	特價	189 元
4. 大金塊	（精）	江戶川亂步著	特價	230 元
5. 青銅魔人	（精）	江戶川亂步著	特價	230 元
6. 地底魔術王	（精）	江戶川亂步著	特價	230 元
7. 透明怪人	（精）	江戶川亂步著	特價	230 元
8. 怪人四十面相	（精）	江戶川亂步著	特價	230 元
9. 宇宙怪人	（精）	江戶川亂步著	特價	230 元
10. 恐怖的鐵塔王國	（精）	江戶川亂步著	特價	230 元
11. 灰色巨人	（精）	江戶川亂步著	特價	230 元
12. 海底魔術師	（精）	江戶川亂步著	特價	230 元
13. 黃金豹	（精）	江戶川亂步著	特價	230 元
14. 魔法博士	（精）	江戶川亂步著	特價	230 元
15. 馬戲怪人	（精）	江戶川亂步著	特價	230 元
16. 魔人銅鑼	（精）	江戶川亂步著	特價	230 元
17. 魔法人偶	（精）	江戶川亂步著	特價	230 元
18. 奇面城的秘密	（精）	江戶川亂步著	特價	230 元
19. 夜光人	（精）	江戶川亂步著	特價	230 元
20. 塔上的魔術師	（精）	江戶川亂步著	特價	230 元
21. 鐵人Q	（精）	江戶川亂步著	特價	230 元
22. 假面恐怖王	（精）	江戶川亂步著	特價	230 元
23. 電人M	（精）	江戶川亂步著	特價	230 元
24. 二十面相的詛咒	（精）	江戶川亂步著	特價	230 元
25. 飛天二十面相	（精）	江戶川亂步著	特價	230 元
26. 黃金怪獸	（精）	江戶川亂步著	特價	230 元

・武　術　特　輯・大展編號 10

1. 陳式太極拳入門	馮志強編著	180 元
2. 武式太極拳	郝少如編著	200 元
3. 中國跆拳道實戰 100 例	岳維傳著	220 元
4. 教門長拳	蕭京凌編著	150 元
5. 跆拳道	蕭京凌編譯	180 元
6. 正傳合氣道	程曉鈴譯	200 元
7. 實用雙節棍	吳志勇編著	200 元
8. 格鬥空手道	鄭旭旭編著	200 元
9. 實用跆拳道	陳國榮編著	200 元
10. 武術初學指南	李文英、解守德編著	250 元
11. 泰國拳	陳國榮著	180 元
12. 中國式摔跤	黃　斌編著	180 元
13. 太極劍入門	李德印編著	180 元
14. 太極拳運動	運動司編	250 元
15. 太極拳譜	清・王宗岳等著	280 元
16. 散手初學	冷　峰編著	200 元
17. 南拳	朱瑞琪編著	180 元

18. 吳式太極劍	王培生著	200 元
19. 太極拳健身與技擊	王培生著	250 元
20. 秘傳武當八卦掌	狄兆龍著	250 元
21. 太極拳論譚	沈 壽著	250 元
22. 陳式太極拳技擊法	馬 虹著	250 元
23. 二十四式/三十二式太極拳/劍	闞桂香著	180 元
24. 楊式秘傳 129 式太極長拳	張楚全著	280 元
25. 楊式太極拳架詳解	林炳堯著	280 元
26. 華佗五禽劍	劉時榮著	180 元
27. 太極拳基礎講座：基本功與簡化 24 式	李德印著	250 元
28. 武式太極拳精華	薛乃印著	200 元
29. 陳式太極拳拳理闡微	馬 虹著	350 元
30. 陳式太極拳體用全書	馬 虹著	400 元
31. 張三豐太極拳	陳占奎著	200 元
32. 中國太極推手	張 山主編	300 元
33. 48 式太極拳入門	門惠豐編著	220 元
34. 太極拳奇人奇功	嚴翰秀編著	250 元
35. 心意門秘籍	李新民編著	220 元
36. 三才門乾坤戊己功	王培生編著	220 元
37. 武式太極劍精華＋VCD	薛乃印編著	350 元
38. 楊式太極拳	傅鐘文演述	200 元
39. 陳式太極拳、劍 36 式	闞桂香編著	250 元
40. 正宗武式太極拳	薛乃印著	220 元
41. 杜元化＜太極拳正宗＞考析	王海洲等著	300 元
42. ＜珍貴版＞陳式太極拳	沈家楨著	280 元
43. 24 式太極拳＋VCD	中國國家體育總局著	350 元
44. 太極推手絕技	安在峰編著	250 元
45. 孫祿堂武學錄	孫祿堂著	300 元
46. ＜珍貴本＞陳式太極拳精選	馮志強著	280 元
47. 武當趙堡太極拳小架	鄭悟清傳授	250 元
48. 太極拳習練知識問答	邱丕相主編	220 元
49. 八法拳 八法槍	武世俊著	220 元
50. 地趟拳＋VCD	張憲政著	350 元
51. 四十八式太極拳＋DVD	楊 靜演示	400 元
52. 三十二式太極劍＋VCD	楊 靜演示	300 元
53. 隨曲就伸 中國太極拳名家對話錄	余功保著	300 元
54. 陳式太極拳五功八法十三勢	闞桂香著	200 元
55. 六合螳螂拳	劉敬儒等著	280 元
56. 古本新探華佗五禽戲	劉時榮編著	180 元
57. 陳式太極拳養生功＋VCD	陳正雷著	350 元
58. 中國循經太極拳二十四式教程	李兆生著	300 元
59. ＜珍貴本＞太極拳研究	唐豪・顧留馨著	250 元
60. 武當三豐太極拳	劉嗣傳著	300 元
61. 楊式太極拳體用圖解	崔仲三編著	400 元

62. 太極十三刀	張耀忠編著	230 元
63. 和式太極拳譜＋VCD	和有祿編著	450 元
64. 太極內功養生術	關永年著	300 元
65. 養生太極推手	黃康輝編著	280 元
66. 太極推手祕傳	安在峰編著	300 元
67. 楊少侯太極拳用架真詮	李璉編著	280 元
68. 細說陰陽相濟的太極拳	林冠澄著	350 元
69. 太極內功解祕	祝大彤編著	280 元
70. 簡易太極拳健身功	王建華著	180 元
71. 楊氏太極拳真傳	趙斌等著	380 元
72. 李子鳴傳梁式直趟八卦六十四散手掌	張全亮編著	200 元
73. 炮捶 陳式太極拳第二路	顧留馨著	330 元
74. 太極推手技擊傳真	王鳳鳴編著	300 元
75. 傳統五十八式太極劍	張楚全編著	200 元
76. 新編太極拳對練	曾乃梁編著	280 元
77. 意拳拳學	王薌齋創始	280 元
78. 心意拳練功竅要	馬琳璋著	300 元
79. 形意拳搏擊的理與法	買正虎編著	300 元
80. 拳道功法學	李玉柱編著	300 元
81. 精編陳式太極拳拳劍刀	武世俊編著	300 元
82. 現代散打	梁亞東編著	200 元
83. 形意拳械精解（上）	邸國勇編著	480 元
84. 形意拳械精解（下）	邸國勇編著	480 元
85. 楊式太極拳詮釋【理論篇】	王志遠編著	200 元
86. 楊式太極拳詮釋【練習篇】	王志遠編著	280 元
87. 中國當代太極拳精論集	余功保主編	500 元
88. 八極拳運動全書	安在峰編著	480 元
89. 陳氏太極長拳 108 式＋VCD	王振華著	350 元

・彩色圖解太極武術・大展編號 102

1. 太極功夫扇	李德印編著	220 元
2. 武當太極劍	李德印編著	220 元
3. 楊式太極劍	李德印編著	220 元
4. 楊式太極刀	王志遠著	220 元
5. 二十四式太極拳（楊式）＋VCD	李德印編著	350 元
6. 三十二式太極劍（楊式）＋VCD	李德印編著	350 元
7. 四十二式太極劍＋VCD	李德印編著	350 元
8. 四十二式太極拳＋VCD	李德印編著	350 元
9. 16 式太極拳 18 式太極劍＋VCD	崔仲三著	350 元
10. 楊氏 28 式太極拳＋VCD	趙幼斌著	350 元
11. 楊式太極拳 40 式＋VCD	宗維潔編著	350 元
12. 陳式太極拳 56 式＋VCD	黃康輝等著	350 元
13. 吳式太極拳 45 式＋VCD	宗維潔編著	350 元

14. 精簡陳式太極拳 8 式、16 式	黃康輝編著	220 元
15. 精簡吳式太極拳<36 式拳架・推手>	柳恩久主編	220 元
16. 夕陽美功夫扇	李德印著	220 元
17. 綜合 48 式太極拳＋VCD	竺玉明編著	350 元
18. 32 式太極拳（四段）	宗維潔演示	220 元
19. 楊氏 37 式太極拳＋VCD	趙幼斌著	350 元
20. 楊氏 51 式太極劍＋VCD	趙幼斌著	350 元

・國際武術競賽套路・大展編號 103

1. 長拳	李巧玲執筆	220 元
2. 劍術	程慧琨執筆	220 元
3. 刀術	劉同為執筆	220 元
4. 槍術	張躍寧執筆	220 元
5. 棍術	殷玉柱執筆	220 元

・簡化太極拳・大展編號 104

1. 陳式太極拳十三式	陳正雷編著	200 元
2. 楊式太極拳十三式	楊振鐸編著	200 元
3. 吳式太極拳十三式	李秉慈編著	200 元
4. 武式太極拳十三式	喬松茂編著	200 元
5. 孫式太極拳十三式	孫劍雲編著	200 元
6. 趙堡太極拳十三式	王海洲編著	200 元

・導引養生功・大展編號 105

1. 疏筋壯骨功＋VCD	張廣德著	350 元
2. 導引保建功＋VCD	張廣德著	350 元
3. 頤身九段錦＋VCD	張廣德著	350 元
4. 九九還童功＋VCD	張廣德著	350 元
5. 舒心平血功＋VCD	張廣德著	350 元
6. 益氣養肺功＋VCD	張廣德著	350 元
7. 養生太極扇＋VCD	張廣德著	350 元
8. 養生太極棒＋VCD	張廣德著	350 元
9. 導引養生形體詩韻＋VCD	張廣德著	350 元
10. 四十九式經絡動功＋VCD	張廣德著	350 元

・中國當代太極拳名家名著・大展編號 106

1. 李德印太極拳規範教程	李德印著	550 元
2. 王培生吳式太極拳詮真	王培生著	500 元
3. 喬松茂武式太極拳詮真	喬松茂著	450 元
4. 孫劍雲孫式太極拳詮真	孫劍雲著	350 元

5. 王海洲趙堡太極拳詮真 王海洲著 500 元
6. 鄭琛太極拳道詮真 鄭琛著 450 元
7. 沈壽太極拳文集 沈壽著 630 元

・古代健身功法・大展編號 107

1. 練功十八法 蕭凌編著 200 元
2. 十段錦運動 劉時榮編著 180 元
3. 二十八式長壽健身操 劉時榮著 180 元
4. 三十二式太極雙扇 劉時榮著 160 元
5. 龍形九勢健身法 武世俊著 180 元

・太極跤・大展編號 108

1. 太極防身術 郭慎著 300 元
2. 擒拿術 郭慎著 280 元
3. 中國式摔角 郭慎著 350 元

・原地太極拳系列・大展編號 11

1. 原地綜合太極拳 24 式 胡啟賢創編 220 元
2. 原地活步太極拳 42 式 胡啟賢創編 200 元
3. 原地簡化太極拳 24 式 胡啟賢創編 200 元
4. 原地太極拳 12 式 胡啟賢創編 200 元
5. 原地青少年太極拳 22 式 胡啟賢創編 220 元
6. 原地兒童太極拳 10 捶 16 式 胡啟賢創編 180 元

・名師出高徒・大展編號 111

1. 武術基本功與基本動作 劉玉萍編著 200 元
2. 長拳入門與精進 吳彬等著 220 元
3. 劍術刀術入門與精進 楊柏龍等著 220 元
4. 棍術、槍術入門與精進 邱丕相編著 220 元
5. 南拳入門與精進 朱瑞琪編著 220 元
6. 散手入門與精進 張山等著 220 元
7. 太極拳入門與精進 李德印編著 280 元
8. 太極推手入門與精進 田金龍編著 220 元

・實用武術技擊・大展編號 112

1. 實用自衛拳法 溫佐惠著 250 元
2. 搏擊術精選 陳清山等著 220 元
3. 秘傳防身絕技 程崑彬著 230 元
4. 振藩截拳道入門 陳琦平著 220 元

5. 實用擒拿法	韓建中著	220 元
6. 擒拿反擒拿 88 法	韓建中著	250 元
7. 武當秘門技擊術入門篇	高翔著	250 元
8. 武當秘門技擊術絕技篇	高翔著	250 元
9. 太極拳實用技擊法	武世俊著	220 元
10. 奪凶器基本技法	韓建中著	220 元
11. 峨眉拳實用技擊法	吳信良著	300 元
12. 武當拳法實用制敵術	賀春林主編	300 元
13. 詠春拳速成搏擊術訓練	魏峰編著	280 元
14. 詠春拳高級格鬥訓練	魏峰編著	280 元
15. 心意六合拳發力與技擊	王安寶編著	220 元

・中國武術規定套路・大展編號 113

1. 螳螂拳	中國武術系列	300 元
2. 劈掛拳	規定套路編寫組	300 元
3. 八極拳	國家體育總局	250 元
4. 木蘭拳	國家體育總局	230 元

・中華傳統武術・大展編號 114

1. 中華古今兵械圖考	裴錫榮主編	280 元
2. 武當劍	陳湘陵編著	200 元
3. 梁派八卦掌（老八掌）	李子鳴遺著	220 元
4. 少林 72 藝與武當 36 功	裴錫榮主編	230 元
5. 三十六把擒拿	佐藤金兵衛主編	200 元
6. 武當太極拳與盤手 20 法	裴錫榮主編	220 元
7. 錦八手拳學	楊永著	280 元
8. 自然門功夫精義	陳懷信編著	500 元
9. 八極拳珍傳	王世泉著	330 元
10. 通臂二十四勢	郭瑞祥主編	280 元
11. 六路真跡武當劍藝	王恩盛著	230 元

・少 林 功 夫・大展編號 115

1. 少林打擂秘訣	德虔、素法編著	300 元
2. 少林三大名拳 炮拳、大洪拳、六合拳	門惠豐等著	200 元
3. 少林三絕 氣功、點穴、擒拿	德虔編著	300 元
4. 少林怪兵器秘傳	素法等著	250 元
5. 少林護身暗器秘傳	素法等著	220 元
6. 少林金剛硬氣功	楊維編著	250 元
7. 少林棍法大全	德虔、素法編著	250 元
8. 少林看家拳	德虔、素法編著	250 元
9. 少林正宗七十二藝	德虔、素法編著	280 元

10. 少林瘋魔棍闡宗	馬德著	250 元
11. 少林正宗太祖拳法	高翔著	280 元
12. 少林拳技擊入門	劉世君編著	220 元
13. 少林十路鎮山拳	吳景川主編	300 元
14. 少林氣功祕集	釋德虔編著	220 元
15. 少林十大武藝	吳景川主編	450 元
16. 少林飛龍拳	劉世君著	200 元
17. 少林武術理論	徐勤燕等著	200 元
18. 少林武術基本功	徐勤燕編著	200 元

・迷蹤拳系列・大展編號 116

1. 迷蹤拳（一）+VCD	李玉川編著	350 元
2. 迷蹤拳（二）+VCD	李玉川編著	350 元
3. 迷蹤拳（三）	李玉川編著	250 元
4. 迷蹤拳（四）+VCD	李玉川編著	580 元
5. 迷蹤拳（五）	李玉川編著	250 元
6. 迷蹤拳（六）	李玉川編著	300 元
7. 迷蹤拳（七）	李玉川編著	300 元
8. 迷蹤拳（八）	李玉川編著	300 元

・截拳道入門・大展編號 117

1. 截拳道手擊技法	舒建臣編著	230 元
2. 截拳道腳踢技法	舒建臣編著	230 元
3. 截拳道擒跌技法	舒建臣編著	230 元
4. 截拳道攻防技法	舒建臣編著	230 元
5. 截拳道連環技法	舒建臣編著	230 元
6. 截拳道功夫匯宗	舒建臣編著	230 元

・少林傳統功夫漢英對照系列・大展編號 118

1. 七星螳螂拳－白猿獻書	耿軍著	180 元
2. 七星螳螂拳－白猿孝母	耿軍著	180 元

・道 學 文 化・大展編號 12

1. 道在養生：道教長壽術	郝勤等著	250 元
2. 龍虎丹道：道教內丹術	郝勤著	300 元
3. 天上人間：道教神仙譜系	黃德海著	250 元
4. 步罡踏斗：道教祭禮儀典	張澤洪著	250 元
5. 道醫窺秘：道教醫學康復術	王慶餘等著	250 元
6. 勸善成仙：道教生命倫理	李剛著	250 元
7. 洞天福地：道教宮觀勝境	沙銘壽著	250 元

國家圖書館出版品預行編目資料

培　根／傅　陽主編
—初版—臺北市，品冠文化，民 96
面；21 公分—（名人選輯；6）
ISBN 978-957-468-561-5（平裝）
1.培根(Bacon, Francis, 1561-1626)　2.傳記　3.學術思想
4.哲學
144.32　　96015201

培　根

ISBN：978-957-468-561-5
主編者／傅　陽
發行人／蔡　孟　甫
出版者／品冠文化出版社
社　址／台北市北投區（石牌）致遠一路 2 段 12 巷 1 號
電　話／(02) 28233123・28236031・28236033
傳　真／(02) 28272069
郵政劃撥／19346241(品冠)
網　址／www.dah-jaan.com.tw
E-mail／service@dah-jaan.com.tw
承印者／國順文具印刷行
裝　訂／建鑫裝訂有限公司
排版者／千兵企業有限公司
初版1刷／2007 年（民 96 年） 10 月

定　價／200 元